本书是国家社会科学基金项目"云数字档案馆风险评估指标体系研究"（项目编号：14BTQ062）的研究成果，由北京联合大学"科技创新服务能力建设——北京城乡文化遗产保护传承与活化创新"项目资助

北京联合大学文理学术文库（二）

云数字档案馆安全风险评估研究

徐华 薛四新 著

中国社会科学出版社

图书在版编目（CIP）数据

云数字档案馆安全风险评估研究 / 徐华，薛四新著 . —北京：中国社会科学出版社，2022.2
ISBN 978 – 7 – 5203 – 9779 – 7

Ⅰ. ①云… Ⅱ. ①徐…②薛… Ⅲ. ①电子档案—档案管理—安全管理—风险评价—研究 Ⅳ. ①G275.7

中国版本图书馆 CIP 数据核字（2022）第 031069 号

出 版 人	赵剑英
责任编辑	郝玉明
责任校对	谢　静
责任印制	王　超

出　　版	中国社会科学出版社
社　　址	北京鼓楼西大街甲 158 号
邮　　编	100720
网　　址	http://www.csspw.cn
发 行 部	010 – 84083685
门 市 部	010 – 84029450
经　　销	新华书店及其他书店
印　　刷	北京明恒达印务有限公司
装　　订	廊坊市广阳区广增装订厂
版　　次	2022 年 2 月第 1 版
印　　次	2022 年 2 月第 1 次印刷
开　　本	710×1000　1/16
印　　张	14
字　　数	211 千字
定　　价	76.00 元

凡购买中国社会科学出版社图书，如有质量问题请与本社营销中心联系调换
电话：010 – 84083683
版权所有　侵权必究

前　言

云数字档案馆是基于云计算技术和云管理模式构建的数字档案馆，是面向档案形成机构（立档单位）、档案管理机构［国家综合档案馆、企业事业单位的档案馆（室）］、档案利用者（机构及其人员、社会公众）等提供数字档案资源采集、整理、编目、管理、保存和利用服务的行业云。其目的在于为更广的区域范围，如跨部门、跨区域的多个实体档案管理机构开展数字档案资源的集约化管理和档案信息的多元化服务。这种新型服务模式不仅避免了以前以个体数字档案馆为单元的（传统IT运用模式）重复建设、档案数据难以共享、档案系统运行维护不专业、数字档案馆安全风险大等问题，而且还大大节省了全国档案系统内档案信息化基础设施投资，提高了档案信息资源管理系统的开发效率，增强了档案信息资源信息服务能力，促进了全国档案系统的信息化均衡发展。

云数字档案馆在运行管理过程中，其技术系统、管理工具、数字档案资源的保存和系统整体的安全与可靠等更依赖云数字档案馆的基础设施、平台系统及其责任团队，所以未来的风险将来自云数字档案馆的服务端，这与以往的档案机构自主建设的档案信息化运行和管理都有很大的不同。由此，研究云数字档案馆风险管理的理论与方法，形成对其风险产生、识别、评估、控制的规律性认识，对于保证数字档案资源的质量和安全，满足用户的信息消费需求，提升档案资源的贡献力，以及未来档案云落地实施都具有重要的理论和实践意义。

本书以风险管理理论、档案馆学的基础理论和云计算的集约化管理理念、智能化处理技术和专业化服务模式为导引，研究了云数字档案馆风险评估的理论与方法，分析了其运行机理和风险特殊性，设计了系统性的风险评估指标体系，构建了风险评估模型及风险判定标准，探讨了云数字档案馆风险评估规范，提出了云数字档案馆风险防范机制和对策。其创新点体现在研究视角新颖、跨学科交融、理论与实践紧密结合，既可以作为高等院校档案管理及相关专业本科生和研究生的教学参考书，也可以作为档案人员继续教育和档案系统开发人员的参考指导用书。

本书是在作者主持的国家社会科学基金项目"云数字档案馆风险评估指标体系研究"（编号：14BTQ062）研究成果的基础上进行修改完成的，本书的出版得到北京联合大学"科技创新服务能力建设——北京城乡文化遗产保护传承与活化创新"项目全额资助，在此表示深深的谢意！

感谢原国家科技评估中心黎懋明研究员引导我走入科技评估的殿堂，领略多学科交叉的魅力；感谢原北京市档案局副局长陶水龙研究员引领我们攀登"档案云"，感受这边风景独好；感谢清华大学档案馆薛四新博士鼎力合作，负责完成第四章第一节、第五章第一节的合作以及对全书系统性、结构性的贡献；感谢我的同事宋红敏、王顺、吴晓红、范冠艳、叶莎莎老师在项目研究不同阶段给予的帮助和支持；感谢我的学生王姝、李贝思、陈楠、刘爽、师璐等参与相关实地调研，为本书研究提供了支持。

本书的研究内容尚属前瞻性、探索性研究，书中不当之处敬请读者批评指正。

目　　录

第一章　绪论 ………………………………………………………（1）
　第一节　研究背景 ……………………………………………（1）
　第二节　研究意义 ……………………………………………（5）
　第三节　研究设计 ……………………………………………（6）
　第四节　研究特点与创新 ……………………………………（12）

第二章　数字档案馆风险管理与评估现状 ………………………（14）
　第一节　安全风险管理与评估方法的研究现状 ……………（15）
　第二节　相关法律法规和标准规范的现状 …………………（29）
　第三节　数字档案馆建设工程与实践应用 …………………（39）

第三章　云数字档案馆风险评估的理论和方法 …………………（53）
　第一节　云数字档案馆风险管理框架 ………………………（53）
　第二节　云数字档案馆风险要素分析 ………………………（55）
　第三节　云数字档案馆风险评估的要素关系模型 …………（59）
　第四节　云数字档案馆风险评估的三要素 …………………（60）
　第五节　云数字档案馆风险评估体系建立的程序 …………（62）

— 1 —

第四章　云数字档案馆的运行机理和风险特征 …………… (69)
第一节　云数字档案馆构建的理论模型 ……………… (69)
第二节　云数字档案馆的基础架构和服务功能 ……… (78)
第三节　云数字档案馆的生态系统分析 ……………… (79)
第四节　云数字档案馆的风险特殊性分析 …………… (83)

第五章　云数字档案馆安全运行的风险评估指标体系 ……… (88)
第一节　组织保障风险 ………………………………… (88)
第二节　档案业务管理风险 …………………………… (99)
第三节　信息服务风险 ………………………………… (117)
第四节　技术实现的风险 ……………………………… (128)
第五节　风险评估指标类别和评价标度设计 ………… (142)

第六章　云数字档案馆风险评估指标权重数据获取 ………… (145)
第一节　指标权重数据调查表设计 …………………… (145)
第二节　指标权重咨询专家的选择和问卷发放 ……… (146)
第三节　权重数据预处理和合理性分析 ……………… (146)

第七章　云数字档案馆风险评估指标权重确定 ……………… (152)
第一节　层次分析法原理 ……………………………… (152)
第二节　数据规范化处理 ……………………………… (156)
第三节　专家判断矩阵形成 …………………………… (157)
第四节　指标权重值确定 ……………………………… (157)
第五节　指标一致性检验 ……………………………… (160)
第六节　专家形成的指标权重数据特点分析 ………… (162)

第八章　云数字档案馆风险评估模型 ………………………… (173)
第一节　线性加权模型 ………………………………… (173)
第二节　模糊模型 ……………………………………… (175)

第三节　风险等级判定 ………………………………… (179)

第九章　云数字档案馆风险评估规范 ……………………… (182)
　　第一节　风险评估组织 ………………………………… (182)
　　第二节　风险评估活动中各方主体的职责 …………… (183)
　　第三节　评估专家管理规范 …………………………… (185)
　　第四节　评估信息获取 ………………………………… (188)
　　第五节　评估实施 ……………………………………… (189)

第十章　云数字档案馆风险防范机制 ……………………… (193)
　　第一节　云数字档案馆的安全架构设计 ……………… (193)
　　第二节　云数字档案馆安全保障体系建设 …………… (195)
　　第三节　云数字档案馆安全管理中心建设 …………… (204)

参考文献 ……………………………………………………… (209)

第一章 绪论

云计算架构的新一代信息生态系统已经逐渐成为社会信息化建设和发展的新常态，各行各业的信息化工作正在朝着资源共建、设施共享的集约化建设和服务化运营的模式快速发展。在档案领域，云数字档案馆的建设正是典型的应用案例，而档案的原始凭证性、信息敏感性、证据溯源性决定了云数字档案馆在安全性、可靠性和风险防范等方面的高标准和特殊要求，这就需要档案领域未雨绸缪，提前做好云数字档案馆的安全风险分析和评估指标认定，以数据治理的思维和方法，引导云数字档案馆的建设、运行与发展。

第一节 研究背景

一 云计算及特点

云计算被称为继计算机、互联网之后的第三次 IT 领域新一代信息技术革命浪潮的"弄潮儿"，以云计算引领和架构的新一代信息技术生态环境是对并行计算、分布式计算、虚拟计算、网格计算的商业实现。云计算既是多种优质信息技术的组合，又是一种新的商业模式，是将计算任务分布在大量计算机构成的资源池上，用户能够按需获取计算资源、存储空间、开发平台和应用服务的一种集中建设、共享使用的新型服务模式。云计算是一种划时代的技术，其计算设施不在本地而在网络中，不受用户端局限的优势，使得它的规模经济性、服务能力、资源利用率得到极大的提高，性价比达到传统 IT 模式的 30 倍以上。从云计算的部署方式进行划分，可分为私有云、社区云、公共云和混合云。

云计算与移动通信技术、物联网技术互为支撑，在集中存储处理、移动网络、实物的智能管理方面发挥各自的优势，交相辉映。移动用户超强的联网能力有了云平台支撑，在计算能力和存储空间上，可以获得前所未有的服务体验；物联网使用数量惊人的传感器、RFID 和视频监控单元等采集到海量的数据，借助移动通信网传输，汇集到云计算平台进行存储和处理，可以更加迅速、准确、智能、低成本地对物理世界进行管理和控制，提高了社会生产能力和生活质量。

云计算主要有九个特点。[①]（1）超大规模。可以根据需要建设拥有数十万台服务器的"云"，赋予了用户前所未有的计算能力。（2）虚拟化。支持用户透明地在任意位置、使用任何终端获取"云"中服务。（3）高可靠性。"云"使用的数据多副本容错，计算节点同构可互换等措施保证服务的高可靠性，使用云计算比使用本地计算更可靠。（4）通用性。云计算不针对特定的应用，在"云"的支撑下可以构造出各种应用，同一片"云"可以同时支撑不同的应用运行。（5）高伸缩性。"云"规模可以动态伸缩，满足应用和用户规模增长的需要。（6）按需服务。"云"是一个庞大的资源池，用户按需购买，计费使用。（7）廉价。"云"的特殊容错措施可以采用极其廉价的节点构建云，其自动化管理使数据中心管理成本大幅降低，公用性和通用性使资源的利用率大幅提升，具有优良的性价比。用户可以享受"云"的低成本优势。（8）安全。云计算提供最可靠、最安全的数据存储中心，用户可以不用担心数据丢失、病毒入侵等相关安全的问题。（9）方便。云计算对用户端的设备要求很低，使用起来很方便，而且支持各种各样的设备，可以轻松实现不同设备间的数据与应用共享。

二 云服务模式

计算或网络资源、应用程序或其他通过云计算向用户提供的信息技

[①] 参见刘鹏《云计算》，电子工业出版社 2011 年版；胡燕妮、黄铂《基于云计算的高职院校科研管理系统研究》，《无线互联科技》2019 年第 8 期。

术服务被称为云服务。根据所提供的服务类型，云服务可分为三大类。

（一）基础设施即服务（Infrastructure as service，IaaS）

将硬件设备等基础资源封装成服务供用户使用。向云用户提供物理资源层，包含计算机、存储设备、数据库、软件和网络设施等，以及通过虚拟技术实现对物理资源的访问和管理，包括计算资源池、网络资源池、存储资源池、数据资源池、软件资源池等。最大优势是允许用户动态申请或释放节点，按使用量计费。

（二）平台即服务（Platform as service，PaaS）

将用户应用程序的运行环境封装成服务，实现应用服务接口对资源池如计算或存储资源类型的访问。主要负责资源管理、任务管理、用户管理、安全管理、性能监控和计费管理等任务。特点是可以负责自身资源的动态扩展和容错管理。

（三）软件即服务（Software as service，SaaS）

以租用的方式，通过应用软件服务接口，提供封装好的专业应用软件服务给用户，具有服务调度、服务查询、服务工作流和服务选择等功能。

除了上述基本服务外，还有云支持服务，如安全即服务，身份和访问管理即服务。每个服务类别既可以独立使用，也可以与其他服务结合使用。

三　云计算为档案数字资源管理带来新机遇

云计算融合了多种技术，发展迅猛，应用成熟。其先行的实践者主要有Google、Amazon、IBM等公司。在我国，云计算也飞速发展，IBM、世纪互联、中国移动研究院、中国人民解放军理工大学、阿里巴巴集团、中国电信都分别推出了云产品。同时，云安全技术通过大量客户端的参与和大量服务端的统计分析来识别病毒和木马，取得了巨大成功。这些先行者的成功实践，为云计算在各行业的应用提供了契机。

将云计算引入数字档案馆建设，可以在SaaS层提供用于支撑档案业务活动的应用系统服务，如档案数据采集、整理、分类、编目、管理、编研、统计、存储、利用，以及档案管理基础性技术服务，如封装、校验、凭证、监控、溯源等；在PaaS层提供档案管理应用开发平台和运行环境支撑服务，如开发工具、数据库管理系统、中间件和运行服务平台等；在 IaaS 层提供基础设施和虚拟资源供给服务，包括虚拟的服务器、计算资源，以及分布式集群管理的调度、控制与同步等。由此，档案管理者或利用者只要有智能终端，就能在任何地点、任何时候获得数字档案馆云端的服务。① 当然，云数字档案馆的建设方，也可以根据人力、物力、财力和持续运维能力，选择其中任意一个层级的服务模式，或组合使用任意两个或三个层级服务。

综上，云计算彻底改变了 IT 产业的架构和运行方式，为数字档案馆的建设带来了新的理念和发展契机，既是数字时代档案资源管理和共享的需要，也是时代的呼唤。

四　云数字档案馆建设的必要性

国家档案局在发布的《全国档案事业发展"十二五"规划纲要》中提出：在档案信息化方面，"加强以计算机网络设备和数据库为主要内容的档案信息化基础建设；配备和开发档案数据库管理系统、电子文件归档管理系统、电子档案移交管理系统、数字档案信息发布利用系统等；加快推进传统载体档案数字化、电子文件接收、重要数字信息采集等数字档案资源建设；制定文书类档案长期保存格式标准，研发文书类档案长期保存格式产品和转化工具并组织试点和示范；打造'一站式'档案信息资源共享和服务平台，为社会提供全方位的档案信息服务；搞好电子文件（档案）备份中心建设，落实电子文件的异质、异地备份制度。有条件的要完成数字档案馆建设，并提供网络信息服务"②。

国家档案局在《全国档案事业发展"十三五"规划纲要》中针对全国档案事业的发展目标、主要任务和实现指标提出："到2020年持续推进数字档案馆建设，采用大数据、智慧管理、智能楼宇管理等技术，提高档案馆业务信息化和档案信息资源深度开发与服务水平；

---

① 参见徐华、薛四新《云数字档案馆安全风险分析及防范策略》，《北京档案》2013年第4期。

② 国家档案局：《全国档案事业发展"十二五"规划纲要》，https://www.docin.com/p-1708649634.html，2019年5月10日。

加快提升电子档案管理水平，加强对业务系统电子文件归档管理，有条件的部门开展电子档案单套制（电子设备生成的档案仅以电子方式保存）、单轨制（不再生成纸质档案）管理试点；探索电子档案与大数据行动的融合；加强电子档案长期保存技术研究与应用；加快档案信息资源共享服务平台建设。建立开放档案信息资源社会化共享服务平台，拓宽通过档案网站和移动终端开展档案服务的渠道。建立档案数据安全管理制度，保障安全高效可信应用；加强档案信息资源在公开共享等环节的安全评估与保护；加强对涉密信息系统、涉密计算机和涉密载体管理，强化涉密人员保密意识。"[1]

近十年来，国家档案局在档案管理现代化方向，从推动数字档案馆建设到智慧档案馆建设，围绕着数字形态的档案海量数据收、管、存，以及一站式利用服务、移动服务来展开。利用云计算超大规模、虚拟化、高可靠性、通用性、高伸缩性、按需服务、廉价的特点和优势，建立跨多个实体档案馆、跨地域或区域地开展数字档案资源的集约化管理和档案信息的综合服务，可以有效避免目前个体数字档案馆（传统IT运用模式）重复建设、结构单一、人才缺乏、信息孤岛的问题。云数字档案馆的建设和运营管理过程，将充分体现云计算虚拟化技术支撑下的统一管理、智能动态调度、信息分布式存储和自动化处理、规模化部署和多元化服务、使用的按需响应和服务的计量管理等特点，这将大大节省全国档案系统内档案信息化基础设施投资，提高档案信息资源管理系统的开发效率，增强档案信息资源信息的服务能力，促进全国档案系统的信息化均衡发展。

第二节　研究意义

与以往档案工作者熟悉的档案管理系统相比，云数字档案馆的技术架构和服务模式有了许多新的变化，这使得档案业务工作所使用的

---

[1] 国家档案局：《全国档案事业发展"十三五"规划纲要》，http://www.saac.gov.cn/daj/xxgk/201604/4596bddd364641129d7c878a80d0f800.shtml，2019年8月5日。

技术工具和管理系统，档案数字资源的保存和安全等更依赖云数字档案馆系统及其责任团队。未来更多的风险将来自云数字档案馆的服务端。因此，识别、评估、监控、防范云数字档案馆的风险，研究云数字档案馆风险管理的理论与方法，将风险评估贯穿于云数字档案馆运行的全过程，可以有效地控制风险，确保数字档案资源的生态安全，对未来档案云落地实施具有重要的理论和实践意义。

第一，理论意义。形成对云数字档案馆风险产生、识别、评估、控制的规律性认识，丰富并拓展档案风险评估的理论和方法，为云数字档案馆的安全实施提供必要的理论指导和方法指导。

第二，实践意义。云数字档案馆风险评估方法的实施，可以提高其安全管理水平，保证数字档案资源的安全和质量，满足用户的信息消费需求，提升档案资源的贡献力。

第三节　研究设计

一　概念界定

公有云：指第三方提供商建设，为用户提供免费或成本低廉使用的云，用户只需为他们使用的资源支付费用，无须担心安装和维护的问题。

私有云：也称内部云或企业云，是云计算的一种特殊模式，通过专用IT基础架构进行云资源配置，以供单个组织专用。它能够有效控制数据安全和服务质量，为该组织提供更大的控制权和隐私权。

混合云：是一种提供公有云和私有云混合服务的方式。它允许用户利用公有云和私有云的优势，为应用程序在多云环境中的移动提供了极大的灵活性，但是设置复杂难以维护和保护。

社区云：是大的"公有云"范畴内的一个组成部分，指在一定的地域范围内，由有类似需求并打算共享基础设施的组织共同创立，由云计算服务提供商统一提供计算资源、网络资源、软件和服务能力所形成的云计算形式。

SOA（Service-Oriented Architecture）：面向服务的架构。

SLA（Service-Level Agreement）：服务等级协议，是服务供应商和

用户之间签署的合同，内容主要涉及供应商的服务类型、服务质量，以及用户的责任和权力等。

数字档案馆：指各级各类档案馆为适应信息社会日益增长的对档案信息资源管理、利用的需求，运用现代信息技术对数字档案信息进行采集、加工、存储、管理，并通过各种网络平台提供公共档案信息服务和共享利用的档案信息集成管理系统。它应当具备"收集、管理、保存、利用"四项基本业务功能，以及用户权限管理、系统日志管理、数据备份与恢复、系统及其数据安全维护等功能。

云数字档案馆：指基于云计算建设的数字档案馆。其主要功能是面向档案形成机构、档案管理机构、档案利用者提供档案数字资源的采集、整理、编目、管理、保存和利用服务，通常会在一个较广的区域范围内进行统一规划和组织实施，其目的是实现跨多个实体档案馆、跨地域地开展档案资源的集约化管理和档案信息的综合性服务。[①]

二 研究假设和边界

假定研究对象是一个正常运行的综合类云数字档案馆。投资主体是国家授权的具有公信力的档案主管机构或区域性中心档案馆，能确保本区域云数字档案馆运行维护的人、财、物等资源。大型企业构建的档案私有云，由于与综合档案馆的定位、功能不同，可以参考本书的相关成果。

本书将基于云数字档案馆系统的特征，以档案馆学的基础理论和云计算的集约化管理理念、智能化处理技术和专业化服务模式为导引，探索其系统运行过程中可能影响数字档案馆安全性的关键事件与潜在风险，分析风险管理的要求与关键要素，提取风险评估的指标，研究风险评估的模型，并在此基础上研究风险评估的规范和风险控制的方法。云数字档案馆的基础架构将风险研究限定于云数字档案馆生态圈的核心层及其他层中直接影响其生存发展的要素，如档案数字资源形成者、信息消费需求变化等主要要素。

---

① 参见徐华、薛四新《云数字档案馆安全风险分析及防范策略》，《北京档案》2013年第4期。

▶▶▶ 云数字档案馆安全风险评估研究

云数字档案馆的基础架构见图1-1，运行中涉及的内外要素分析见图1-2。

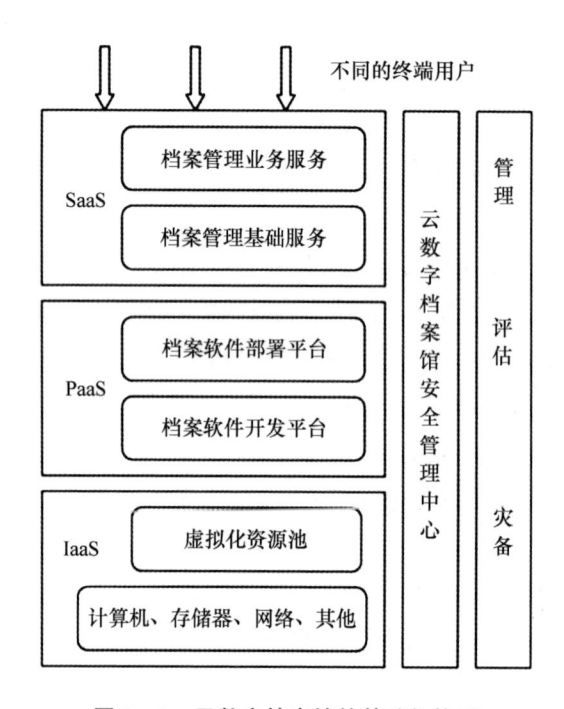

图1-1 云数字档案馆的基础架构图

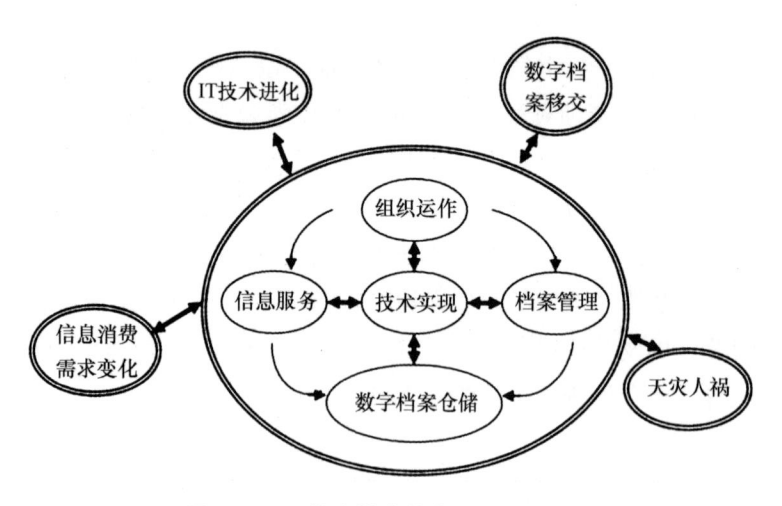

图1-2 云数字档案馆内外生态环境图

三 研究内容和目标

云数字档案馆风险评估体系的研究框架见图1-3。

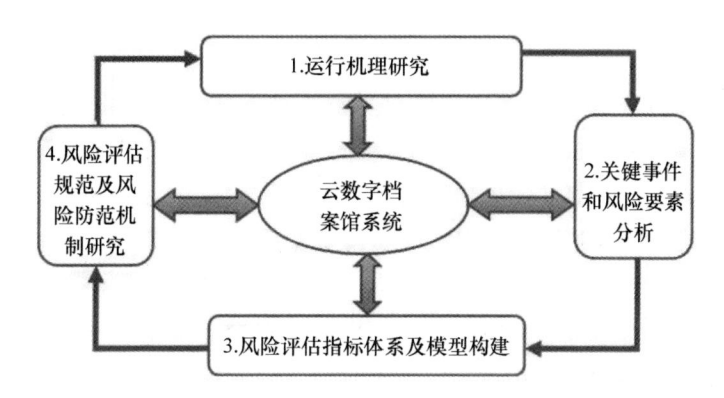

图1-3 云数字档案馆风险评估体系的研究框架图

（一）云数字档案馆风险的特殊性和形成机理研究

云计算变革了数字档案馆的依存环境，带来了云数字档案馆建设发展和运行管理的新思路、新方法和新模式。在云数字档案馆系统运行中，各环节参与的人员、担任的职能、使用的技术和管控的要求均将不同于以往并体现出新的特征。由此，研究云计算环境下数字档案馆运行机理与活动规律，厘清风险的特殊性和形成机理，将是云数字档案馆风险评估体系研究的起点。

1. 外部要素研究。分析"IT技术进化""信息消费需求变化""数字档案移交"等直接影响着云数字档案馆生存、持续发展存在的风险和形成机理。

档案信息流通过云数字档案馆的接口系统，完成从形成者到收集者（虚拟档案室或云数字档案馆）的转移，移交过程涉及形成者与收集者之间的信息流交换，是云数字档案馆的输入端；档案数字资源在云数字档案馆中经过档案业务管理模块，完成整序、编研、开发，为社会各界提供利用或增值服务，起到教育和传承档案文化的作用，涉及档案管理者与利用者的信息流交换，是云数字档案馆的输出端；

同时信息技术进化、档案利用者的信息消费需求改变、法规标准、跨档案云的数据共享或天灾人祸，在标准采用、基础架构、凭证溯源、内容开发、信息再现、数据格式、存储方式、系统迁移、容灾备份等方面又直接影响着云数字档案馆的运行和持续发展。因此，需要首先研究外部要素对云数字档案馆产生影响的机理。

2. 内部中观要素研究。针对云数字档案馆的特点，分析"组织运作""档案管理""信息服务""技术实现"等数字档案馆内在要素之间的关系、存在的风险和观测点。

云数字档案馆提供档案数字资源收集、加工、存储、利用和增值服务，是一个以人为主体而形成的人工信息系统，这个有机体通过运行维护，不断改进、升级、滚动发展。要完成上述职能，需要研究云数字档案馆中信息流在业务层、系统层、网络层、数据层和物理层之间相互协同工作的机理，以及在云技术的支撑下，系统功能、业务功能、服务功能、存储功能、运营维护功能的实现机理。

3. 内部微观层面要素研究。分析上述 2 中，每一个要素内部所包含的主要子要素，以及这些子要素之间的关系和存在的风险。如"组织运作"包含运行环境、组织管理体系、运行管控等子要素，从云数字档案馆的 IaaS、PaaS、SaaS 不同层面，研究各子要素之间存在的风险。

（二）云数字档案馆运行中关键事件和风险要素分析

风险管理是"社会组织或者个人通过风险识别、风险估测、风险评估，选择与优化组合各种风险管理技术，对风险实施有效控制和妥善处理风险所致损失的后果，以最小成本收获最大安全保障的管理活动"[1]。基于上述（一）的研究结果，采用过程控制法，分析云数字档案馆在组织运作、档案管理、技术实现、信息服务四个模块中产生风险的关键事件，以及关键事件的执行中存在的潜在风险观测点，为后续的风险评估指标构建奠定基础。

---

[1]《信息安全风险史论指南》[EB/OL]，https://wenku.baidu.com/viem/szd4c727ccbff121dd368377.html。

（三）风险评估指标体系及模型的构建

评估指标体系和评估模型是评估工作开展的基础和依据，直接影响评估结果的可靠性和有效性。其过程是通过分析上述四个模块中风险事件的控制点，分层提取风险评估的关键指标（筛选性指标和评估性指标），界定指标的内涵和外延，建立分层、分级的评估指标体系，验证指标体系的合理性，采用定性和定量相结合的方法，设计评估指标的量表参考系，确定指标权重、评分标准，建立风险评估模型。

（四）风险评估规范及风险防范机制

评估是在一定事实、数据等信息的基础上，为了达到某种目的，对客观事物做出带有评判和估计性结论的行为或活动。因此，在云数字档案馆的风险评估活动中，需要明确评估指标集、评估专家集和评估方法集，在评估机构（自评机构、二方评机构、独立第三方）的组织下展开，评估机构将对整个评估活动的运作和评估结果负直接责任。基于上述三点的研究成果，研究云数字档案馆风险评估的理论与方法，风险等级判定准则，建立风险管理框架，提出档案云的风险防范机制。

四 研究思路和方法

研究分为五个阶段。第一阶段：文献调研。包括图书、网络资源、学位论文、图书馆不同的文献数据库，完成相关文献信息的收集、梳理和综述。第二阶段：实地调研。设计调查问卷，对全国十多个综合性档案馆在数字档案馆建设方面进行访谈、现场参观考察。探索典型数字档案馆建设及风险管控的实践，为云数字档案馆风险评估奠定基础。第三阶段：界定云数字档案馆理论模型，分析云数字档案馆的生态系统，信息主体、信息内容、信息环境构成要素之间的相互关系，厘清其风险的特殊性和形成机理。第四阶段：设计云数字档案馆风险评估体系及指标风险观测点，采用层次分析法，设计指标权重专家咨询表，选择4个不同研究方向（图书情报、IT技术、档案现代化管理、管理学），5个不同机构（图书馆、科研机构、大学、企业、档案馆），向不少于40人的专家进行咨询，对反馈的数据进行信度和效度分析，规范化处理，借助 SPSS 及 Yaahp 软件，获取指标权重数据，完成指标一致性检验，建立风险评估模型和风险级别判断标准。

第五阶段：研究云数字档案馆的风险防范机制。

本书研究将理论联系实际，运用文献研究法、实地调研法、案例分析法和比较研究法分析典型云服务实践案例，数字档案馆风险管理方法；运用信息科学、系统工程学、图书馆学、档案学、质量管理学研究云数字档案馆构成要素之间的关系和风险形成机理，确定风险评估指标体系，建设云数字档案馆风险评估模型，建立云数字档案馆风险防范体系。

第四节　研究特点与创新

一　研究特点

研究视角新颖。在档案领域，首次从风险管理的视角，基于档案资源的独特性，研究云数字档案馆运行中风险的特殊性、风险评估指标体系、风险管理机制等。成果内容从一个新的视角为云数字档案馆的安全运营提供了理论和应用支撑。

跨学科交融。在可供参考的文献资料有限、案例分析稀缺的前提下，研究团队综合运用信息科学、系统工程学、图书馆学、档案学、质量管理学等多学科知识，完成项目研究。成果涉及知识面广，系统性强，内容具有较大的特点。

侧重理论与应用实践相结合。以云数字档案馆落地实施为目标，提出的风险评估指标、风险观测点、风险评估模型、风险评估规范、风险防范机制，具有应用的可行性。

二　基本观点

云数字档案馆同样具有档案数字资源安全保管中心、利用中心、备份中心、政府信息查询中心及爱国主义教育中心等"五位一体"的功能，起到保存社会记忆、传承档案文化的作用。尽管其技术架构和服务模式上发生了新的变化，风险管理更多地集中在云数字档案馆服务端，但风险可控。通过构建安全档案云，提供知识服务，是未来智慧城市快速发展的重要内容之一。

第一，需要深入研究云数字档案馆的风险评估的理论与方法，在理论和应用层面突破，才是其落地实施和持续发展的基础。

第二，云数字档案馆的生态安全取决于其内外部相互依存的诸要素联动和责任体间的服务链协作关系，涉及 IaaS、PaaS、SaaS 不同层面。应将风险评估贯穿于云数字档案馆的过程管理中，确保其"核心资产—数字档案资源"的安全。

第三，云数字档案馆应由专业的管理团队来运行维护，通过风险管理，识别其运营中的关键要素——组织保障、档案业务管理、信息服务和技术实现中存在的风险，对其进行评估、监控和持续改进，可以将其风险降到最低，实现安全服务功能集中化和规模化。这不仅节省投资，还具有传统 IT 安全保护不可比拟的优越性，更能保障安全。

第四，云数字档案馆的建设和运营，使档案人员的角色和技能发生了变革，其工作重心转变到档案数字资源质量的提升和档案信息服务模式的创新，这是下一代数字档案馆发展的新趋向。因此，复合型档案人才的培养刻不容缓。

三　研究创新

在界定清晰的研究对象基础上，以风险管理理论、档案馆学的基础理论和云计算的集约化管理理念、智能化处理技术和专业化服务模式为导引，研究创新体现在四个方面。第一，提出了适合云数字档案馆风险评估的理论和方法。第二，研究了由信息主体、信息内容、信息环境共同组成的动态平衡系统——云数字档案馆生态系统。第三，设计了云数字档案馆运行的风险评估指标体系和风险评估模型。第四，提出了云数字档案馆的风险防范机制对策和建议。

第二章 数字档案馆风险管理与评估现状

本章对相关研究现状进行分析，主要采用的方法是文献调研、法规标准梳理和实地调研。

文献调研的重点是对相关研究文献的梳理和总结，分析并找出现有研究中的不足和空白，为后续研究指明方向。该部分首先从本学科领域出发，充分了解数字档案馆风险/安全管理的主要内容和研究现状，并将范围扩展到数字图书馆。经过梳理，发现我国对数字档案馆的安全研究仍处于探索阶段，虽然云数字档案馆的风险问题日益引发关注，但专门讨论云数字档案馆风险管理问题的文献却屈指可数。因此有必要对云技术应用于档案管理业务的风险进行系统分析，提出科学的评估方法和指标体系。鉴于此，后续的文献搜集开始转向方法论，在超越特定领域的层面之上对风险评估的方法和模型进行归类，为建立云档案风险评估体系奠定基础。在这一过程中发现了与"云档案馆"风险评估相近的两个领域——云服务下的信息安全风险评估和数字仓储的风险评估。本书对这两个领域的风险评估方式进行了述评，分析其与云档案馆风险评估的区别与联系，结合云档案馆的特点指出云档案馆风险评估的独特性和研究的不可替代性。

标准规范梳理主要从数字档案馆、风险评估及云安全风险管理三个方面，对现有的国际标准、国家标准和行业规范进行梳理，这些标准规范中普遍缺少云数字档案馆风险管理的内容，进一步证实了云档案馆风险评估研究的必要性。

实地调研工作，主要是对浙江、江苏、上海、青岛、北京、广东、江西、辽宁等档案馆建设的数字档案馆情况进行现场访问和交流，了解其建设现状、风险管理和控制的方法；然后对全国示范性数字档案馆建设及国内基于云计算的数字档案馆建设实践进行调研，了解示范性数字档案馆的测评标准，以及目前国内采用云计算构建的数字档案馆建设的模式和安全管理。研究发现，随着国内数字档案馆建设的推进，已经基本有了规范标准，但是风险管理的理论和实践还处于起步阶段。

第一节　安全风险管理与评估方法的研究现状

一　数字档案馆和数字图书馆的安全风险管理

云数字档案馆的风险评估是数字档案馆安全风险管理的一部分，在研究开展前，有必要对数字档案馆的安全风险管理发展历程进行回顾，对其发展现状进行梳理。本部分的文献梳理加入了数字图书馆的安全风险管理，以便更好地了解风险评估在该领域的研究程度，掌握现有研究成果，评估研究开展的必要性。

以中国知网全文数据库作为数据源，检索数字档案馆安全风险管理方面的相关文献，检索条件及结果如表2-1，发文趋势见图2-1。

表2-1　数字档案馆安全风险管理研究相关文献检索表

检索式	年份	数量	最早文献出现时间
标题=数字+档案馆+安全	不限	74	2003年
标题=数字+档案馆+风险	不限	44	
总计	不限	118（有重合）	
标题=数字+档案馆+安全+云	不限	21	2012年
标题=数字+档案馆+安全+云	不限	6	
总计	不限	21（有重合）	

▶▶▶ 云数字档案馆安全风险评估研究

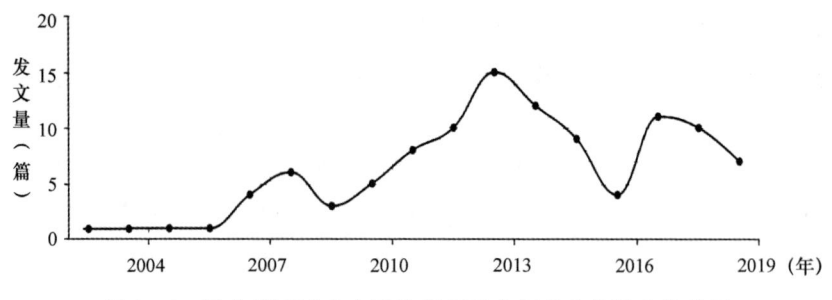

图2-1　数字档案馆安全风险管理研究相关文献发文趋势图

以中国知网全文数据库作为数据源，检索数字图书馆安全风险管理方面的相关文献，检索条件及结果如表2-2，发文趋势见图2-2。

表2-2　　　　数字图书馆安全风险管理研究相关文献检索表

检索式	年份	数量	最早文献出现时间
标题＝数字＋图书馆＋安全	不限	433	2000年
标题＝数字＋图书馆＋风险	不限	83	
总计	不限	516	

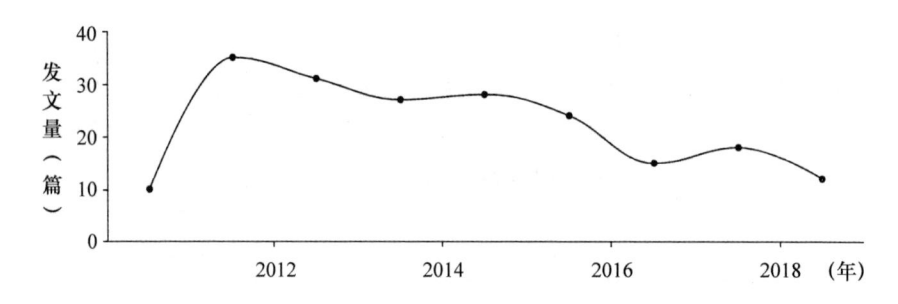

图2-2　数字图书馆安全风险管理研究相关文献发文趋势图

相比档案学科，数字图书馆的安全风险管理研究起步更早，在研究模式上也更为成熟。无论数字图书馆还是档案馆，从风险角度切入进行的研究相对较少，风险因素体系化研究路径尚未成熟。在数字档案馆领域，专门针对云数字档案馆开展的研究极其缺乏，从风险因素研究路径开展的研究更是有限。

第二章 数字档案馆风险管理与评估现状

(一) 数字档案馆的安全风险管理

自 2000 年初数字档案馆的研究在我国萌生以来,安全与风险管理的内容就一直是其重要的组成部分。2003 年,刘荣在《档案学研究》上第一次发表了专门论述数字档案馆信息安全和容灾系统研究的文章。[①] 2004 年潘连根教授在数字档案馆的系列研究中专门将"安全防范"作为一个专题,指出数字档案馆相较于传统档案馆面临着更为严峻的安全问题,包括"网络、系统、信息、物理"等多个方面,需要从法律规范、组织领导、管理制度等方面加强安全防范,构建安全保障体系。[②] 自此,我国档案学界启动了对数字档案馆安全风险管理的研究。早期研究的主要切入点是网络和信息安全。随着数字档案馆项目在我国逐步落地,系统部署和实施成为数字档案馆建设中的首要任务,相关安全研究转向系统视角。陈慰湧等认为"数字档案馆系统安全需求主要包括信息内容安全、系统安全和网络安全需求,提出了数字档案馆系统的档案信息对象访问控制策略、用户访问控制策略、系统日志管理策略"[③]。管理意识是我国数字档案馆安全研究的另一个维度,贯穿数字档案馆发展的始终。从初期侧重网络安全策略和人员培训,到管理意识提升,以及将质量管理理念应用于数字档案馆的安全管理体系。

近几年来,风险评估成为数字档案馆安全管理研究的新思路。这一思路不同于偏重策略规划的传统安全管理体系,而是从风险预控的角度入手,通过一定的方法和途径识别潜在风险。这为数字档案馆的研究带来了新气象,提供了更为具体、可实施、可评估、可控制的管理路径。但遗憾的是,在风险评估这一研究路径上,目前还未形成任何全面性的、系统化的研究成果。

[①] 参见刘荣《数字档案馆的信息安全与容灾系统的建立》,《档案学研究》2003 年第 3 期。
[②] 参见潘连根《数字档案馆的安全防范——数字档案馆研究之七》,《浙江档案》2004 年第 9 期。
[③] 陈慰湧、金更达:《数字档案馆系统安全策略研究》,《浙江档案》2008 年第 7 期。

（二）云数字档案馆安全风险管理

从2006年Google首席执行官埃里克·施密特（Eric Schmidt）首次提出"云计算"（Cloud Computing）概念以来，如何定义风险，识别并控制潜在风险，确保云安全就成为必须解决的难题。美国国家标准技术研究所（NIST）对不同部署平台SaaS、PaaS、IaaS、社区云、公共云等可能面临的风险进行了分析，提出了应对策略[1]；欧洲网络与信息管理局（ENISA）定义了"策略和管理风险、技术风险、法律风险和非云特有风险"的云安全风险评估框架[2]；云安全联盟[3]（CSA）的《云安全指南》，提出了安全风险要素。云计算的应用安全问题被确定在云计算安全，网络安全设备、安全基础设施云化和云服务安全等方面。

国内对于云数字档案馆安全或相关风险管理的文献不多。卞昭玲等认为"云环境下采用应用服务提供商（ASP）模式使得档案馆的数据变得更加安全，要加强档案馆计算机病毒应急响应服务机制、档案馆网络安全事件应急响应服务机制、档案馆灾难数据恢复机制，全方位地保障数字档案信息的安全"[4]；陶水龙从规避风险的角度提出"电子档案封存概念和异构系统中电子档案凭证性保障的思路，以及异质备份和多套多地的档案备份策略，提出了基于云存储技术的档案数字资源云备份策略，并给出了相应的云备份系统架构及其运行机制，以确保档案数字资源永久存储、安全"[5]；王玉龙在分析云数字档案馆面临的安全风险基础上，提出了应对安全风险的措施为"正确选择云服务提供商、采用先进的安全技术、加强用户的访问控制管理、制定安全评估体系和应急预案、制定档案数据

---

[1] 参见涂俊《云计算——安全资源池化》，《信息通信》2017年第4期。

[2] 参见 European Union Agency for Cybersecurity, "Security Framework for Governmental Clouds", http//: www. enisa. europa. eu/National, November 2, 2017。

[3] 参见 Institute of Standards and Technology, "Cloud Computing", https://www. nist. gov, November15, 2017。

[4] 卞昭玲、张玥、谢海洋：《基于ASP模式的数字档案馆运营管理与服务研究》，《北京档案》2012年第6期。

[5] 陶水龙：《档案数字资源云备份策略的分析与研究》，《档案学通讯》2012年第4期。

安全备份策略等"①。

直到2012年，档案领域才有专门文献从云计算的技术角度出发对数字档案馆的安全和风险管理展开专门论述。如周枫等从技术防护、运营管理、法规标准三个方面，提出了"搭建以数据安全和隐私保护为主要目标的可信云计算环境，建立可控的数字档案馆云计算安全监管体系，构筑云数字档案馆信息安全保障与测评体系，解决当前数字档案馆信息安全所面临的挑战"②；李淑媛结合云计算环境下数字档案馆的安全特点和威胁，提出"重视云采购环节的安全评估，完善政策法规和技术标准体系，建立数字档案馆的安全管理体系"③。

高晨翔、黄新荣采用安全管理的视角，建立了包括"信息系统安全要素、云计算技术安全要素、数字档案安全要素、法律法规制度要素、组织内部支持要素、管理控制安全要素及目标与反馈要素在内的安全评估指标体系"④。徐华、薛四新等在其系列文章中界定了"云数字档案馆的安全问题，分析了云数字档案馆相较于传统IT安全管理所具有的独特性，设计了云数字档案馆的安全运营管理机制，提出了云数字档案馆安全保障体系的总体框架，并提议设置云数字档案馆安全中心；在此基础上从云数字档案馆信息系统所处的生态环境和面临的风险要素入手，提出云数字档案馆风险评估的研究框架和核心内容"⑤。

总体来看，国内档案领域在数字档案馆的风险评估这一研究路径上尚未有全面的、系统化的研究成果，对云数字档案馆的安全研究仍

---

① 王玉龙：《云环境下数字档案馆面临的安全风险及其应对措施》，《档案管理》2013年第2期。
② 周枫、谢文群：《云计算环境下数字档案馆信息安全分析及管理策略研究》，《北京档案》2012年第8期。
③ 李淑媛：《基于云计算的数字档案馆安全风险及策略研究》，《机电兵船档案》2018年第1期。
④ 高晨翔、黄新荣：《云计算环境下数字档案馆的安全评估体系研究》，《档案学研究》2017年第1期。
⑤ 徐华、薛四新、刘宗渊：《云数字档案馆安全运营管理机制研究——以区域性档案局（馆）为承建方为例》，《档案学研究》2013年第2期；徐华、薛四新：《云数字档案馆安全风险分析及防范策略》，《北京档案》2013年第4期；徐华、薛四新：《云数字档案馆风险评估研究框架》，《档案学研究》2016年第5期。

处于局部探索阶段,云数字档案馆的风险评估研究更是屈指可数。因此有必要根据云数字档案馆的特点,从理论和应用层面进行深入研究,探讨云技术应用于档案管理业务的安全风险问题,建立科学系统的安全风险评估体系,并在此基础上提出集成性的安全防范对策。

(三) 数字图书馆的安全风险管理

2007年7月,由文化部牵头组织成立了"全国数字图书馆建设与服务联席会议"。联席会议办公室设在中国图书馆学会,负责会议的组织协调等工作。迄今为止已召开了十八次会议,深入讨论了我国数字图书馆建设与服务的重点问题和前沿问题,取得了系列重要成果,发布了《数字图书馆服务政策指南》《数字图书馆资源建设指南》《数字图书馆安全管理指南》《数字图书馆资源建设和服务中的知识产权保护政策指南》,出版了《数字图书馆发展趋势研究报告》,对推进我国数字图书馆建设与服务起到了重要作用。

《数字图书馆安全管理指南》(以下简称"指南")明确了数字图书馆安全相关概念的定义,提出了数字图书馆安全管理的目的及图书馆安全管理的操作措施和所需关注的相关要素。但是《指南》侧重于风险控制,否认了数字图书馆信息安全的保密性;信息资产定位不准确;使信息安全管理等同于风险控制,忽视了作为风险控制前提与管理基础的风险评估环节。

黄水清等以数字图书馆的信息资产为核心,通过对资产的价值、面临的威胁等级及存在的薄弱点的等级进行评估,得出数字图书馆信息资产的风险总值。对国际标准ISO27000系列标准的风险价值矩阵法、威胁分级法、风险二值法三种模型和中国国家标准CB/T 20984-2007提到的矩阵法与相乘法两种模型进行了理论分析,并以两个国内中型图书馆为测评对象,通过风险评估模型的测评实践,结合数字图书馆风险评估理论的分析,认为中国国家标准CB/T 20984中的相乘法优于其他风险评估模型。[①]

---

① 参见黄水清、茆意宏、熊健《数字图书馆信息安全风险评估》,《现代图书情报技术》2010年第Z1期;黄水清、任妮《数字图书馆信息安全风险评估的方法与模型》,《图书情报工作》2014年第2期;黄水清、陈双喜、任妮《基于ISO27001的数字图书馆信息安全风险评估模型研究》,《现代图书情报技术》2009年第6期。

不可否认的是，我国数字图书馆的相关研究中有关风险评估的模型相对成熟，然而其成果对数字档案馆的借鉴意义有限。档案馆的管理对象是档案，是集体或个人历史活动的原始记录，与图书和出版物有着本质区别。在真实性、凭证性和保存价值等方面有着更高的要求，其组织、存储和保存方式也有较大区别，在云计算环境下面临的风险问题更为严峻。

由此来看，从档案学的学科理论出发，对云数字档案馆的安全风险问题进行系统研究，根据云数字档案馆所面临的安全风险问题的特点建立风险评估指标体系，具有十分重要的意义。

二 风险评估方法、模型和工具

云数字档案馆的风险评估因档案原始记录的本质特性区别于图书馆和其他文献信息机构，但风险评估的方法、模型和工具在风险管理领域具有共性和通用性。因此，本节在研究开展前，对现有的风险评估方法、模型和工具进行概述，为后续云数字档案馆的风险管理研究和评估体系的建立奠定基础。

以中国知网全文数据库作为数据源，在风险评估主题文献中探究相关的评估方法、模型和工具的相关研究，由于跨学科检索的文献量较大，将范围限制在近十年的核心期刊文献，检索条件及结果如表2-3，发文趋势见图2-3。

表2-3　风险评估方法、模型和工具相关文献检索表

检索式	年份	数量	最早文献出现时间
标题=风险+评估+方法	2009—2019	76	2009年
标题=风险+评估+模型	2009—2019	126	
标题=风险+评估+工具	2009—2019	4	
总计	2009—2019	206（有重合）	

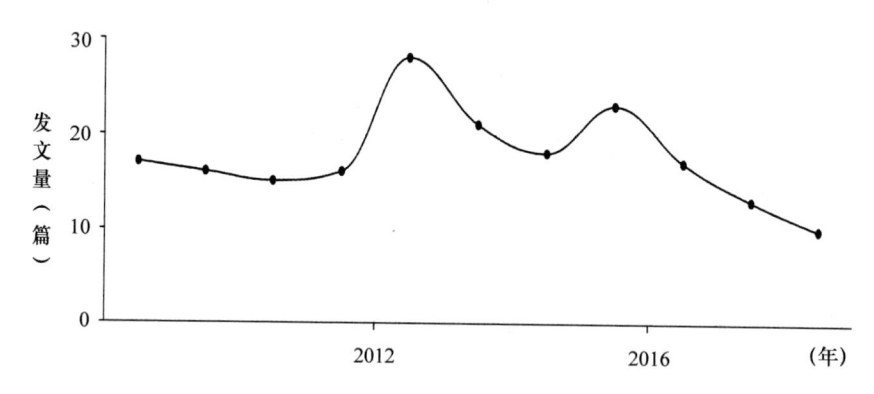

图 2-3　风险评估方法、模型和工具相关文献发文趋势图

风险评估方法和模型有许多种。以定性和定量作为基本划分标准，风险评估方法可以概括为三类：定量方法、定性方法、定性与定量相结合的综合方法。依据不同的数学工具与方法，风险评估模型可以概括为模糊层次分析法、神经网络、贝叶斯网络、博弈论、灰色关联决策算法、支持向量机等。从定性定量的角度来看，这些模型大多使用的是定量方法。但这些模型大多是在个例中使用，普及度并不高，在此不做详细论述。

（一）定量风险评估分析法

定量分析方法通过数量指标进行风险评估，将风险发生的概率和危害程度进行量化，可操作性强。[①] 典型的定量分析方法有因子分析法、聚类分析法、时序模型、回归模型、风险图法、决策树法、熵权系数法等。

定量分析法的优点在于它用直观的数据来表现结果，方法相对客观、科学和严密。不足之处在于量化研究中有些指标难以精确赋值，数据获取困难，面对复杂性的问题时难以呈现问题的全局面貌和深度关系。[②]

[①] 参见杨泉《风险评估定量与定性的分析方法》，《信息网络安全》2006 年第 4 期。
[②] 参见高亮、盛益君、曹奇英《定性量化分析法风险评估系统设计与实现》，《微计算机信息》2009 年第 30 期。

(二) 定性风险评估分析法

定性的评估方法是通过非量化的资料，例如分析者的知识、经验、历史教训、政策走向和特殊案例等，对风险状况做出判断的过程。典型的定性分析方法有因素分析法、逻辑分析法、历史比较法、德尔菲法。

定性方法的优点在于它通常有一个由理论推导演绎的分析框架，不足在于该方法需要凭借分析者的直觉和经验，或者业界的标准和惯例，其结论带有较强的主观性。

(三) 定性与定量结合的风险评估方法

定量和定性的分析方法各有特点，同时又都有其长处与不足。而信息安全风险评估是一个复杂的问题，牵涉诸多因素和制约条件。有些因素和指标很容易量化，有些却难以比较，只能通过评估者的经验和知识进行判断。因此，将定量和定性的方法结合起来，同时运用，在风险评估中也较为常见。常采用综合的评估方法有模糊层次分析法、故障树分析法和威胁分级计算法等。[①] 见表2-4。

表2-4　　　　　　　　常用综合评估方法表

定性分析方法	实例应用	定量分析方法	实例应用
因素分析法		聚类分析法	
逻辑分析法		时序模型	
历史比较法		回归分析	
德尔菲法		风险矩阵测量法	信息安全风险评估指南
		威胁分级计算法	
		风险综合评估法	
		PDCA、PDRR、PADIMEETM	
		故障树分析法	
		模糊层次分析法	
		神经网络	

---

① 参见张利、彭建芬、杜宇鸽等《信息安全风险评估的综合评估方法综述》，《清华大学学报》(自然科学版) 2012年第10期。

目前学术界针对已有的定性和定量风险综合评估方法的局限，提出了一些改进方法，主流包括基于模糊综合评价的风险评估方法、基于D-S证据理论的风险评估方法、基于机器学习的风险评估方法。

1. 基于模糊综合评价的风险评估方法[①]

基于模糊综合评估方法以模糊推理为主，是一种定性和定量相结合、精确与非精确相统一的分析评估方法。该方法根据模糊数学的隶属度理论把定性评估转化为定量评估，从而解决了定性评估中的主观性问题和部分现象难以数据化表达的问题。模糊综合评估方法的优点在于简单实用、可操作性强，能对系统进行整体的评价。

2. 基于D-S证据理论的风险评估方法

基于D-S证据理论的风险评估方法是一种不确定性数学推理方法。它是一种决策理论，通过合并多重证据从而做出决策。该方法能够描述不同等级的精确度，还引入了对未知不确定性的描述。这种方法能够大大降低定性方法中主观意识的影响，避免专家评估决策中的个人偏见和趋同性等问题，从而提高结果的可信度。

3. 基于机器学习的风险评估方法

机器学习可以分为基于监督的机器学习和基于无监督的机器学习两种。基于机器学习的风险评估方法较多应用于生物特征识别、检测信用卡欺诈、语音和手写识别等领域。目前该方法也开始应用到风险评估中，例如利用Bayes学习技术对信息安全进行评估，利用支持向量机进行风险评估。

4. 常用风险分析工具

表2-5中展示了常用的风险分析工具，按照定性和定量的基本分类介绍了其体系结构、常用方法、人员要求和结果输出形式。[②]

[①] 参见沈进昌、杜树新、罗祎等《基于云模型的模糊综合评价方法及应用》，《模糊系统与数学》2012年第6期；黄丽民、王华《网络安全多级模糊综合评价方法》，《辽宁工程技术大学学报》（自然科学版）2004年第4期。

[②] 参见陈凯律、沈备军、张艳红《基于软件过程的项目风险管理及其工具》，《计算机工程》2010年第4期；李琳娜《软件产品风险评估工具实现及应用》，《电子技术与软件工程》2016年第3期。

表2-5　　　　　　　　　　风险分析工具表

工具名称	@Risk	COBRA	BDSS	RiskWatch	RA/SYS	ASSET
国家/组织	Palisade/American	C&A/American	IRMG/American	American	BSI/Britain	NIST/American
体系结构	单机版	客户/服务器模式	单机版	单机版	单机版	单机版
常用方法	专家系统	专家系统	专家系统	专家系统	过程式算法	基于知识的分析算法
定性/定量	定量	定性与定量	定性与定量	定性与定量	定量	定性与定量
人员要求	无须专业知识	无须专业知识	无须专业知识	无须专业知识	依靠评估人员的知识与经验	无须专业知识
结果输出形式	决策支持信息	结果报告、风险等级、控制措施	安全保护措施列表	风险分析综合报告	结果报告、风险等级、控制措施	决策支持信息

三　云服务中的信息系统安全风险评估方法

建设云数字档案馆的最终目的是以云计算技术和基础设施为依托，向公众和社会更好地提供档案参考服务。本书不仅是对数字档案馆的安全风险管理展开分析，更要针对云数字档案馆进行风险评估，即以云数字档案馆为研究对象，对数字档案馆云服务过程中可能遇到的各种安全风险因素进行识别，进而构建指标体系，进行综合性评估。因此本部分特别对现有文献中有关云服务信息安全评估方法和指标体系构建的研究进行总结归纳，评估现有云服务安全风险评估指标体系用于云数字档案馆的可能性，为后续云数字档案馆的指标评估体系的构建提供参考。

云服务信息安全风险评估是指依据有关信息技术标准，对云服务项目的整个环节所存的风险因素进行科学、公正的综合评估过程。对云服务各个环节的脆弱性、威胁和脆弱性被威胁利用后产生的负面影响进行分析，并根据安全事件发生的可能性和影响程度来识别和评估云服务信息安全风险。[①]

以中国知网全文数据库作为数据源，检索云服务中的信息系统安全风险管理方面的相关文献，检索条件及结果如表2-6，发文趋势见图2-4。

表2-6　云服务中的信息系统安全风险管理相关文献检索表

检索式	年份	数量	最早文献出现时间
标题=云服务+信息系统+安全	不限	200	2010年
标题=云服务+信息系统+风险	不限	18	
总计	不限	218（有重合）	

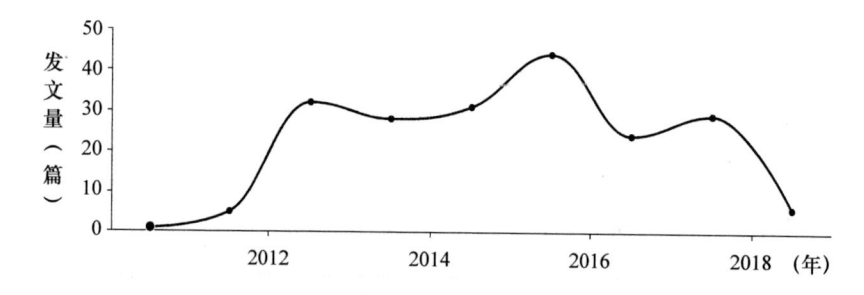

图2-4　云服务中的信息系统安全风险管理相关文献发文趋势图

目前云服务中的信息系统安全风险评估方法大致可以分为四种：基于CDM的信息安全风险评估、基于云服务的多层次模糊综合风险评估、基于博弈论的云计算信息安全风险评估、基于德尔菲法的云计算信息安全风险评估。

1. 基于CDM的信息安全风险评估

当前国内的信息安全风险评估中，较多采用的是定量的研究方法，其主要原因在于定性方法易受主观因素影响，结果难以直观体现。CDM是一种基于云模型、群决策和区间数调查法提出的理论方

[①] 参见程玉珍《云服务信息安全风险评估指标与方法研究》，硕士学位论文，北京交通大学，2013年。

法，顾大龙等将其引入信息安全风险的评估研究，拓展了定性方法在信息安全评估中的应用。这一方法不仅能够弥补定性评估方法主观性过强的问题，还实现了定性语言向定量计算的转变。①

2. 基于云服务的多层次模糊综合风险评估②

基于云服务的多层次模糊综合风险评估方法使用模糊数学方法评估云服务项目，其重点在于将云服务信息安全评估中的那些界限模糊的现象或活动区分开来，建立起多层次的模糊综合评估模型。

3. 基于博弈论的云计算信息安全风险评估

博弈论是现代数学的一个分支，是研究竞争过程中决策主体为争取最大利益应当如何做出决策的数学方法。从博弈论的角度来看，云计算系统的防御者/攻击者对云计算系统的任意防御/攻击行为都会产生相应的代价，可以利用博弈论的方法来解决其中的攻防矛盾，并提出最优攻防策略。邹涛基于博弈论的方法提出了云计算信息安全风险的评估模型，其基本流程包括资产识别、威胁识别、脆弱识别、博弈模型构建分析及风险计算五个方面。该模型通过分析云计算系统攻击和防御的交互博弈过程，预测攻击的行为，量化风险概率，进而实现评估。③

4. 基于德尔菲法的云计算信息安全风险评估

黄金凤等以 GB/T 22239 – 2008 的指标体系为基础，结合现有的云计算平台架构，利用德尔菲法结合定性与定量分析，构建了云计算的信息安全风险评估模型。④

四 可信数字仓储的安全风险评估

以中国知网全文数据库作为数据源，检索可信数字仓储方面的相

---

① 参见顾大龙、徐建鹏等《信息安全风险评估方法现状分析及探索性研究》，《保密科学技术》2014 年第 11 期。

② 参见杨武俊《多层次模糊综合评判法在信息安全风险评估中的应用》，《网络安全技术与应用》2013 年第 11 期。

③ 参见邹涛《云计算环境下信息安全风险评估方法研究》，硕士学位论文，南昌大学，2017 年。

④ 参见黄金凤、郑美容《基于云计算的信息安全风险评估模型》，《宁德师范学院学报》（自然科学版）2018 年第 1 期。

关文献，检索条件及结果如表 2-7，发文趋势见图 2-5。

表 2-7　　可信数字仓储的安全风险管理相关文献检索表

检索式	年份	数量	最早文献出现时间
标题＝数字＋仓储	不限	56	2001 年
标题＝数字＋仓储＋安全/风险	不限	1	
总计	不限	57（有重合）	

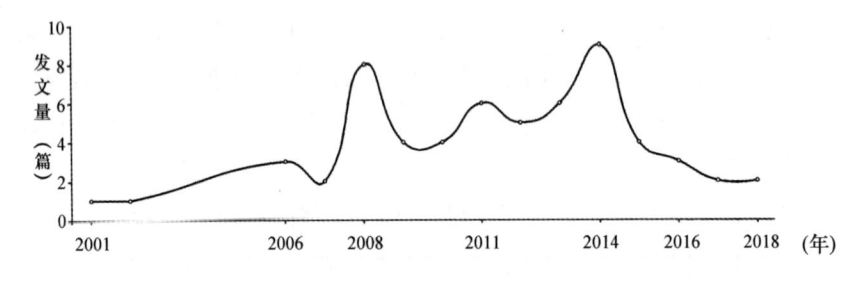

图 2-5　可信数字仓储的安全风险管理相关文献发文趋势图

王军认为"数字仓储是面向主题的、集成的、稳定的、随时间变化而不断更新的数字资源集合，是提供数字资源保存、管理和访问的综合性系统"①。开放式存取服务是数字仓储的主要特征，支持数字资源从收集、归档、管理、发布、访问到保存等各个阶段。随着信息技术的快速发展和数据量的急剧增长，数字仓储如何在数字资源的长期保存中维护其真实性、完整性及可用性，成为数字保存领域日益关注的焦点。计算机图书馆中心（OCLC）与研究图书馆组织（RLG）于 2002 年联合发布了"可信数字仓储：属性和责任"的报告，认为可信数字仓储（Trusted Digital Repositories）是负责数字资源长期、可靠的管理及维护的系统。可信数字仓储需遵循领域内公认的协议和标准设计，配备切实可行的政策和实施方案，拥有持续稳定的财政支持和规范的评价机制。其使命和目标是长久地为用户提供可靠的数字资

---

① 王军:《数字仓储》,《数字图书馆论坛》2007 年第 9 期。

第二章　数字档案馆风险管理与评估现状

源访问服务，对数字资源提供者和用户长期负责。①

可信数字仓储是数字长期保存领域的重要内容，其技术和管理经验对具有重要历史和参考价值的长期保存问题有着重要的借鉴意义。目前国内外对于可信数字仓储的研究尚在发展和完善中，前期主要关注可信数字仓储的构建和认证体系②，后期相关文献主要集中探讨可信数字仓储的技术识别③、仓储架构④、互操标准⑤和集成问题⑥，推广和借鉴优秀实践应用案例⑦。

尽管可信数字仓储与数字档案的长期保存有着密切联系，但目前可信数字仓储的发展主线仍聚焦在认证体系构建和技术标准化与系统集成问题上，安全风险管理尚未获得主要关注，难以为云数字档案馆风险评估体系的建设提供支撑。

第二节　相关法律法规和标准规范的现状

本部分对照文献调研的思路，从数字档案馆、风险评估及云安全/风险管理三个方面对现有的法律、行业规范、国际标准和国家标准进行梳理，通过相关法律法规和标准规范透视实践领域的风险评估现状。

---

① 参见 Peter Burnhill、张建勇《数字仓储库的发展》，《图书情报工作》2011 年第 9 期；韩珂、祝忠明《可信数字仓储认证体系研究》，《现代图书情报技术》2007 年第 6 期。

② 参见何欢欢《可信数字仓储的构建与认证》，《情报资料工作》2008 年第 6 期。

③ 参见 Jingfeng Xia、张玫《数字仓储实践中的个人姓名识别》，《现代图书情报技术》2008 年第 3 期。

④ 参见马建霞、Paolo Manghi、Wolfram Horstann 等《基于服务的开放数字仓储架构——DNET 解析》，《现代图书情报技术》2010 年第 1 期。

⑤ 参见徐健《基于 OAI-ORE 的异构数字仓储互操作框架》，《现代图书情报技术》2008 年第 9 期。

⑥ 参见马建霞《数字仓储中复合数字对象相关标准比较研究》，《现代图书情报技术》2009 年第 4 期。

⑦ 参见孟喆、马自卫《开源环境下的数字仓储和服务系统的集成应用》，《现代图书情报技术》2008 年第 12 期；徐拥军、张倩《加拿大图书档案馆的数字保存策略——可信数字仓储》，《档案学研究》2014 年第 3 期。

一　数字档案馆的标准与规范

（一）数字档案馆建设类

数字档案馆建设是一个系统工程，涉及硬件、软件、技术、业务、安全等。主要的法规标准见表2-8。

表2-8　　　　数字档案馆的主要法规和标准表

法规标准	名称	备注
法律法规	《中华人民共和国档案法》	
	《中华人民共和国著作权法》	
	《中华人民共和国电子签名法》	
	《中华人民共和国保守国家秘密法》	
	《全国人大常委会关于维护互联网安全的决定》	
	《中华人民共和国专利法》	
	《中华人民共和国电信法》	
	《中华人民共和国个人信息保护法》	
行政法规	《中华人民共和国计算机信息系统安全保护条例》（国务院）	
	《中华人民共和国计算机信息网络国际互联网管理暂行规定》（国务院）	
	《中华人民共和国计算机信息网络国际互联网管理暂行规定实施办法》（国务院）	
	《计算机信息网络国际互联网安全保护管理办法》（国务院批准，公安部发布）	
	《中华人民共和国著作权法实施条例》（国务院）	
	《计算机软件保护条例》（国务院）	
	《信息网络传播权保护条例》（国务院）	
	《中国互联网络域名注册暂行管理办法》（国务院）	
	《中国互联网络域名注册实施细则》（国务院）	
	《中华人民共和国政府信息公开条例》（国务院）	
	《国家行政机关公文处理办法》（国务院）	

第二章 数字档案馆风险管理与评估现状

续表

法规标准	名称	备注
政府规章	《中华人民共和国档案法实施办法》（国家档案局）	
	《中华人民共和国保守国家秘密法实施办法》（国家保密局）	
	《计算机病毒防治管理办法》（公安部）	
	《计算机信息系统保密管理暂行规定》（国家保密局）	
	《计算机信息系统国际联网保密管理规定》（国家保密局）	
	《中国公用计算机互联网国际联网管理办法》（邮电部）	
	《专用网与公用网联网的暂行规定》（邮电部）	
	《中华人民共和国电子签章条例》（信息产业部）	
	《电子公文归档管理暂行办法》（国家档案局）	
	《国家档案局政府信息公开工作管理办法（试行）》（国家档案局）	
	《国家档案局政府信息公开指南》（国家档案局）	
	《机关文件材料归档范围和文书档案保管期限规定》（国家档案局）	
	《档案管理软件功能暂行规定》（国家档案局）	
	《关于制作数字化制品的著作权规定》（国家版权局）	
	《中国档案分类法》（国家档案局）	
规范性文件、标准规范	《DA/T 58－2014 电子档案管理基本术语》	通用
	《DA/T 22－2015 归档文件整理规则》	
	《DA/T 28－2018 建设项目档案管理规范》	
	《数字档案馆建设指南（2010 年）》	
	《GB/T 18894－2016 电子文件归档与电子档案管理规范》	电子文件的接收与管理
	《DA/T 50－2014 数码照片归档与管理规范》	
	《DA/T32－2005 公务电子邮件归档与管理规则》	
	《DA/T 46－2009 文书类电子文件元数据方案》	
	《DA/T 54－2014 照片类电子档案元数据方案》	
	《DA/T 63－2017 录音录像类电子档案元数据方案》	
	《DA/T47－2009 版式电子文件长期保存格式需求》	
	《DA/T48－2009 基于 XML 的电子文件封装规范》	
	《DA/T 70－2018 文书类电子档案检测一般要求》	

续表

法规标准	名称	备注
规范性文件、标准规范	《DA/T31－2017 纸质档案数字化规范》	档案数字化
	《DA/T 43－2009 缩微胶片数字化技术规范》	
	《DA/T 62－2017 录音录像档案数字化规范》	
	《DA/T 71－2018 纸质档案缩微数字一体化技术规范》	
	《GB/T20163－2006 中国档案机读目录格式》	数字档案资源库建设
	《DA/T13－94 档号编制规则》	
	《DA/T 57－2014 档案关系型数据库转换为 XML 文件的技术规范》	
	《GB50174－2008 电子信息系统机房设计规范》	档案服务平台建设
	《GB/Z24294－2009 信息安全技术 基于互联网电子政务信息安全实施指南》	
	《GB17859－1999 计算机信息系统安全保护等级划分准则》	信息安全和运行维护
	《GA/T671－2006 信息安全技术终端计算机系统安全等级技术要求》	
	《GB/Z24364－2009 信息安全技术 信息安全风险管理指南》	
	《GB/T24363－2009 信息安全技术 信息安全应急响应计划规范》	
	《DA/T 56－2014 档案信息系统运行维护规范》	
	《DA/T 49－2012 特殊和超大尺寸纸质档案数字图像输出到缩微胶片上的技术规范》	长期保存
	《DA/T 44－2009 数字档案信息输出到缩微胶片上的技术规范》	
	《DA/T 38－2008 电子文件归档光盘技术要求和应用规范》	
	《DA/T 53－2014 数字档案 COM 和 COLD 技术规范》	
	《DA/T 52－2014 档案数字化光盘标识规范》	
	《DA/T 74－2019 电子档案存储用可录类蓝光光盘（BD－R）技术要求和应用规范》	
	《DA/T 75－2019 档案数据硬磁盘离线存储管理规范》	
	《DA/T 73－2019 档案移动服务平台建设指南》	移动服务

从表格中可以看出，目前我国数字档案馆建设的法规标准呈现分散性、不配套性、间接性、模糊性特点。在系统性方面有待随着数字档案馆研究的深入，形成配套性的标准。

（二）数字档案馆系统测试标准

2014年，为加强数字档案馆的科学建设、安全运维和绩效管理，国家档案局发布了《数字档案馆系统测试办法》[①]。《数字档案馆系统测试办法》共包含基础设施、系统功能、档案资源、保障体系、服务绩效五个一级指标。一级和二级指标见表2-9。

表2-9 "全国示范数字档案馆"系统测试一、二级指标表

一级指标	二级指标	指标基本要求
1 基础设施	1.1 主机房	符合GB50174-2008《电子信息系统机房设计规范》规定的B级要求
	1.2 网络平台	布局合理，可扩展，安全可靠，局域网、政务网、因特网三网隔离，满足数字档案馆各项功能需要
	1.3 服务器及存储备份设备	高效、安全、适当冗余，备份及时完备
	1.4 终端设备	满足开展数字档案接收、管理、利用等工作需要
	1.5 档案数字化设施、设备	满足开展档案数字化工作需要
	1.6 音视频等其他硬件设备	满足数据采集、转换、处理等工作需要
	1.7 基础软件	使用满足系统正常运行的正版软件
2 系统功能	2.1 接收	满足在线、离线接收、检测不同数据类型数字档案需要
	2.2 管理	满足对数字档案进行有序管理，辅助实体档案管理
	2.3 保存	按照长期保存的要求，对数字档案进行分类存储、格式转换、备份
	2.4 利用	满足局域网、政务网、因特网等环境下的不同利用需求
	2.5 系统管理	保证系统可靠、可控运行

---

① 参见国家档案局《数字档案馆系统测试办法》，http：//www.saac.gov.cn/daj/daxxh/201807/6d6180ef50e246e9b552f6c289e96eb2.shtml?from=singlemessage，2019年6月10日。

续表

一级指标	二级指标	指标基本要求
3 档案资源	3.1 档案资源建设	目录数据、数字档案数据全面、准确、规范
	3.2 档案资源管理	对数字档案资源进行有序管理
4 保障体系	4.1 制度制定与实施	建立数字档案馆各项制度并按要求组织实施
	4.2 条件保障	建立与数字档案馆建设运行相适应的体制机制
5 服务绩效	5.1 档案业务能力提升	档案管理工作效能得到提升
	5.2 用户满意度	数字档案馆用户满意度得到提升

该办法采用百分制，将测试结果达到 80 分以上的档案馆认定为"国家级测试形式的数字档案馆"，达到 90 分以上的档案馆认定为"全国示范数字档案馆"。国家档案局成立了数字档案馆系统测试工作领导小组，并组建了测试专家队伍，专门负责数字档案馆系统测试工作。

二 国内外风险评估的相关标准与规范

（一）国际风险评估行业规范

自 20 世纪 30 年代起，发达国家就相继开展了信息安全风险评估方面的工作，颁布了有关安全管理和风险评估的各种安全标准和规范，详情见表 2-10。

表 2-10　　　　国际安全风险评估的标准与规范表

标准	来源	内容	评价
《BS7799/ISO 17799》[①]	英国标准协会（BSI）	给出了有效实施信息系统风险管理的建议及风险管理的方法和过程，包括信息安全管理实施细则、信息安全管理实施规范、信息安全风险管理指南三个部分	只是对各个领域最佳安全实践的一个高级别概括，且不具备严格的理论模型和操作步骤，但该标准可以作为企事业机构制定自己的安全策略和风险评估实施步骤的重要参考

---

① 参见英国标准协会《BS7799/ISO17799》，https://baike.baidu.com/item/ISO17799/2894602? fr = aladdin，March 1，2019。

续表

标准	来源	内容	评价
《CC/ISO15408》[1]	美、加、英、法、德、荷六个国家联合开发	由一般模型及介绍、安全功能需求和安全认证需求三部分构成。安全功能需求是技术上的要求，安全认证需求是对开发过程和工程过程的要求，是非技术上的要求	该标准给出了评价信息技术产品的定义和系统安全性的基本准则，提出了表述信息技术安全性的结构
《SP800》[2]	美国国家标准技术协会（NIST）	建立了联邦IT安全评估框架，提供了能在17个领域测试的控制目标和技术，并给出了用于鉴别每个控制领域框架的应用指导建议	为制定有效的风险管理项目奠定了基础，并详细规定了风险定性评估活动的操作步骤
《SSE－CMM/ISO/IEC21827》[3]	美国国家安全局（NSA）	将信息系统安全工程分为风险过程、工程实施过程和安全保证过程三个相互联系的过程。风险过程用于识别被开发产品或系统的潜在危险，并将其按优先级进行排列。工程实施过程将安全工程过程与其他工程学科结合在一起，解决由危险带来的问题。安全保证过程给出了安全解决方案，并将安全解决方案传递给用户	是系统安全工程领域的较为成熟的方法体系，无论在系统安全的理论研究方面还是在系统安全实际应用方面都有着举足轻重的作用
《ISO27000》[4]	英国标准协会（BSI）	以示例方式给出了风险价值矩阵法、威胁分级法、风险二值法，三种模型都是半定量的风险评估方法，其中的风险价值矩阵法应用范围较广	当前世界上普及率及认可度最高的信息安全管理标准

---

[1] 参见国际标准委员会《CC/ISO15408》，https：//max.book118.com/html/2017/1227/146172967.shtm，March 1，2019。

[2] 参见美国国家标准技术协会《SP800 系列信息安全标准》，https：//www.docin.com/p-783696739.html，March 1，2019。

[3] 参见美国国家安全局《SSE－CMM/ISO/IEC21827》，http：//www.zbgb.org/128/StandardDetail3306575.htm，March 1，2019。

[4] 参见英国标准协会《ISO27000》，https：//baike.baidu.com/item/iso27000/7323605?fr=Aladdin，March 1，2019。

(二) 国内风险评估的行业规范与国家标准

与国外相比，我国在信息安全风险评估方面的起步相对较晚。虽然近几年也逐步出台了《GB17859－1999 计算机信息系统安全保护等级划分准则》《GA／T391－2002 计算机信息系统安全等级保护管理要求》《信息安全风险评估指南》《信息安全风险管理指南》《GB/T20984－2007 信息安全风险评估规范》等相关标准，但在信息安全防护机制建设、防护策略、技术体系和评估标准等方面还存在一定的差距。见表2－11。

表2－11　　　　国内安全风险评估的标准与规范表

标准	年份	来源	内容
《GB17859－1999 计算机信息系统安全保护等级划分准则》[1]	1999	国家安全局	将计算机系统安全保护划分为用户自主、系统审计、安全标记、结构化、访问验证五个保护级，自主、系统审计、安全标记、结构化、访问验证依次为第一到第五保护级
《GA/T391－2002 计算机信息系统安全等级保护管理要求》[2]	2002	公安部	规定了计算机信息系统安全等级保护的管理要求，并将管理要求落实到《计算机信息系统安全保护等级划分准则》划分自主、系统审计、安全标记、结构化、访问验证五个保护等级上
《信息安全风险管理指南》[3]	2004	国家安全中心	给出了信息安全风险评估的总体框架和流程，定义了信息安全风险管理的过程和内容，阐述了信息安全风险管理的目的和意义。信息安全风险管理包含对象确立、风险评估、风险控制、审核批准、监控与审查、沟通与咨询六个方面的内容。风险管理包括风险评估、风险减缓、基于风险的决策三个过程

---

[1] 参见国家安全局《GB17859－1999 计算机信息系统安全保护等级划分准则》，http://wenku.baidu.com/view/10774526482fb4daa58d4b36.html，2019年5月15日。
[2] 参见公安部《GA/T391－2002 计算机信息系统安全等级保护管理要求》，http://www.doc88.com/p-943574712815.html，2019年5月15日。
[3] 参见国家安全中心《信息安全风险管理指南》，http://www.doc88.com/p-2045050188839.html，2019年5月15日。

续表

标准	年份	来源	内容
《GB/T20984-2007信息安全技术—信息安全风险评估规范》[①]	2007	国家信息中心和公安部	论述了信息安全风险评估的基本概念、分析原理、要素关系、实施流程和评估方法，并给出了风险评估在信息系统生命周期不同阶段的工作形式和实施要点

三 云安全风险管理的标准与规范

通过调研数字档案馆、风险评估以及云安全/风险管理三个方面现有的国际标准、国家标准和行业规范，清单罗列见表2-12。

表2-12　国内外云安全风险管理的标准与规范表

国家	部门	名称	年份
中国	国家互联网信息办公室	《关于加强党政部门云计算服务网络安全管理的意见》（中网版发文〔2014〕14号）	2014
	工业和信息化部	《云计算综合标准化体系建设指南》（工信厅发文〔2015〕132号）	2015
	国务院	《国务院关于促进云计算创新发展培育信息产业新业态的意见》（国发〔2015〕5号）	2015
美国	联邦政府风险和授权管理计划	《信息官备忘录——云计算环境中的信息系统安全授权》	2012

组织名称	类别	标准/报告名称	年份
（中国）全国信息安全标准化技术委员会	行业标准：公共安全	《GB/T 35279-2017信息安全技术云计算安全参考架构》	2017
	行业标准：电子政务	《GB/T 34080.2-2017基于云计算的电子政务公共平台安全规范第2部分：信息资源安全》	2017
	行业标准：公共安全	《GB/T 34942-2017信息安全技术云计算服务安全能力评估方法》	2017
	行业标准：公共安全	《GB/I 37950-2019信息安全技术桌面云安全技术要求》	2019

---

① 参见国家信息中心和公安部《信息安全风险评估指南（国信办）》，https://wenku.baidu.com/view/631c7046336c1eb91a375d76.html，2019年5月15日。

续表

国家	部门	名称	年份
（中国）全国信息安全标准化技术委员会	行业标准：公共安全	《GB/T 31167－2014 信息安全技术云计算服务安全指南》	2014
	行业标准：公共安全	《GB/I 31168－2014 信息安全技术云计算服务安全能力要求》	2014
	行业标准：公共安全	《GA/T 1527－2018 信息安全技术云计算安全综合防御产品安全技术要求》	2018
	行业标准：金融	《JR/T 0167－2018 云计算技术金融应用规范安全技术要求》	2018
	行业标准：通信	《YD/I 3470－2019 面向公有云服务的文件数据安全标记规范》	2019
国际标准化组织和国际电工委员会、信息技术联合技术委员会、信息安全标准化分技术委员会	行业标准	《信息技术—安全技术—基于I80/IBC 27002的云服务应用的信息安全控制措施》	2015
	行业标准	《ISO/IBC 27018 信息技术—安全技术—公有云中个人可识别信息处理者保护个人可识别信息的安全措施》	2019
	行业标准	《ISO/IEC 27036－4 供应商关系的信息安全—第4部分：云服务安全指南》	2017
	研究项目	云计算环境相关技术的风险管理	2015
	研究项目	云安全用例和潜在的标准差距	2016
ITU－T 国际电信联盟远程通信标准化组织	技术报告	《云安全》《云计算标准制定组织综述》	2011
CSA 云安全联盟	技术报告	《云计算关键领域安全指南》《云计算的主要安全威胁报告》《云安全联盟的云控制矩阵》《身份管理和访问控制指南》	2017
NIST 美国国家标准与技术研究院	技术报告/研究项目	《SP 800－144：公有云计算安全及隐私指南》《云计算安全障碍和缓解措施列表》《美国政府使用云计算的需求》《联邦政府云指南》《英国政府云计算安全评估与授权的建议》	2011

续表

国家	部门	名称	年份
ENISA 欧洲网络与信息安全局	技术报告	《云计算中信息安全的优势、风险和建议云计算信息安全保障框架》	2009
	技术报告	《政务云安全部署操作指南》	2010
	技术报告	《政务云的安全性和复原力》	2011
	技术报告	《云计算合同安全服务水平监测指南》	2012

第三节 数字档案馆建设工程与实践应用

项目组2012年先后对浙江、杭州、安徽、江西、辽宁、黑龙江、上海、江苏、广东、天津、北京市等档案馆等进行了实地调研，国外包括美国、英国、韩国。实地调研的主要内容包括数字档案馆的建设方案、业务管理、关键技术、运行管理模式、制度标准等五个方面。

一 数字档案馆建设的整体规划

杭州某档案馆数字档案馆建设主要分为两大阶段。第一阶段（2003—2006年）主要建设了网上档案馆。网上档案馆建立了采集子系统、管理子系统、利用子系统三大平台，主要完成馆藏数字档案的收、管、存、用。通过网站完成区县档案馆子网站搭建和各个县市区进行联网的数据交换平台建设。第二阶段（2007年以后）开展对电子文件管理的探索。在电子政务外网上搭建了文档目录中心，汇集了一些公开的文件、政策汇编、开放的档案资源等。2008年以后，提出建设电子文件中心项目，建设目标是对机关单位产生的电子文件规范管理，根据国家档案局元数据标准，完成了源头数据的规范，对没有元数据的OA系统进行了系统升级。另外，还搭建了电子文件接收平台。各单位OA系统中文件流转结束后，电子文件自动送到接收平台，包括留痕稿、修改过程。2010年开始建设，统一开发了电子文件管理系统，主要以电子公文接收为主。2012年承担了国家电子文件管理部际联席会议办公室的电子档案移交与接收项目试点，继续推进档案馆管理系统建设，或者是数据仓储建设，拟把网上档案馆的一些功能进行对接，形成未来的数字档案馆。

浙江某档案馆的数字档案馆项目于 2005 年通过审批，2006 年开始建设。电子文件的管理主要做两块工作：一是规范收进来的数据，增加比对功能，着重解决重复问题；二是规范数据格式，在保持数据原貌的基础上用 PDF 转换功能来规范格式。在管理方面，建立了过渡库与正式库，需要根据权限进行操作，进入正式库的数据不能改动，保证正式库里的数据绝对安全。

安徽省电子文件中心分三个阶段建设。[①] 2006—2007 年是第一阶段，主要任务是制定政策框架，发布相应标准，建设基础设施，开发应用系统。2008 年是第二阶段，主要任务是对属于档案馆接受范围的所有省直单位形成的电子公文，以及其他对国家和社会具有保存价值、应当作为档案保存的电子文件进行收集，丰富电子文件数据库，基本建成安徽省电子文件中心。省直 11 家单位开始移交电子文件。2009—2010 年是第三阶段，主要任务是与逐步建立起来的市、县二级电子文件中心连接，中心数据与安徽省分布式档案基础数据库整合，实现电子文件和数字化档案信息资源的集中管理和利用。这一阶段起草了《文书电子文件元数据方案》《基于 XML 的电子文件封装规范》《电子文件长期保存格式需求》三个国家行业标准。

江苏某档案馆于 2004 年开始电子文件中心建设，2006 年转变为电子档案中心建设，目前进化为数字档案馆建设，这三个项目构成了现在的数字档案馆。

江西某档案馆于 2010 年前后开始数字档案馆建设，起草了多种档案元数据标准，界定元数据采集类型，确定电子文件在其生成、归档、移交、保管的各个环节中所产生的各类元数据，用于生成电子档案身份证。采用 VERS 2.0 的封装技术，构建了电子档案提交包、封装包、利用包，分别用于馆室与馆际之间电子档案传输、电子档案长

---

① 参见黄玉明《安徽省电子文件中心建设的思路与做法》，《中国档案》2006 年第 12 期。

期保存、检索查阅三个方面。使用 PDF/A 和 XML 文件格式作为电子档案的长期保存格式。

辽宁某档案馆的建设思路为规范和推进数字档案馆建设五项建设内容，即努力改善档案馆信息化基础设施条件，进一步加强数字档案资源建设，全面构建档案安全保障体系，进一步规范数字档案馆建设和管理，将数字档案馆建设与基础业务工作紧密结合。

天津某档案馆于 2009 年启动电子文件中心和数字档案馆建设项目，确定整体架构。把档案馆业务系统升级，电子文件中心研究原型开发。计划分三期。一期是档案信息资源共享平台，在政务网上实现共享，目前已经完成。二期是基于政务网的电子档案移交接收平台，目前已完成立项。基于互联网的资源网，从信息资源共享的角度，结合数字档案馆系统，完善功能并升级。三期是基于互联网资源，从信息资源共享角度，结合数字档案馆系统，完善功能并升级。

青岛某档案馆的数字档案馆于 2001 年立项，2003 年成为全国第一家建成的数字档案馆，主要抓资源，把纸质档案转化为数字档案。形成 4 个数据库：全文数据库、目录数据库、照片数据库、视频数据库，"十一五"期间，完成 4 个共享工程：档案室之间共享，档案馆、档案室之间共享，档案馆之间共享，档案馆、社会之间共享。

二 档案数字资源建设

杭州某档案馆的馆藏档案数字化基本是依托中介公司按照国家的标准来完成的，其业务部门检查质量。档案数字化采用彩色扫描方式，文本类分辨率采用 300DPI，照片类采用 600DPI。从 2005 年开始，杭州某档案要求移交单位在移交纸质档案的同时移交数字化副本，保管处负责接收纸质档案，技术处负责接收数字化副本。移交单位基本也采用外包的方式制作，以光盘为载体移交。抽查比例为 20%，合格率为 95%。

浙江某档案馆强化馆藏资源数字化的质量和规范，最终采用外包方式，使用彩色扫描，精度达到 300DPI，建立的中华民国档案图库，录音、录像带、缩微胶片已经全部数字化。每年数字化经费投入约

60万元。

江西某档案馆自2007年来,共开展了两期重点档案抢救项目的数字化工作。数字化的档案均为国家重点档案抢救项目的开放档案。声像电子档案数据库(包括照片、录音、录像)建设主要围绕重大活动拍摄、卫星数字电视收录、声像档案数字化与著录等展开。按照档案著录规则及本馆声像电子档案元数据方案等标准要求,对案卷级、文件级声像电子档案进行深度著录。每天自动收录中央、江西及部分地方电视台的新闻和红色专题节目,并对已收录的视频文件进行著录。

江苏某档案馆馆藏量为80多万卷,依据国家重点档案的要求,形成了数字化小组,数字化软件由第三方负责开发。数字化档案采用300DPI进行扫描,存储为TIF格式,转化为JPG格式。依托政务内网和政务外网对省直机关提供检索服务。

深圳某档案馆完成纸质档案数字化10万张,照片档案数字化70万页,其中纸质档案数字化主要采用黑白300DPI进行扫描,少数档案采用灰度或彩色模式扫描。

天津某档案馆2007年开始数字化工作,最初由本馆自己承担,现在将此项工作外包,每年400万页。调研时目录级800万条,案卷级140多万条,文件级600多万条。

三 应用系统建设

杭州某电子文件中心管理系统强化立档单位档案室源头数据控制,要求立档单位各部门参与,电子文件管理系统提供工作空间、文件管理、流程管理、统计分析、系统管理功能。总体设计思想是把档案管理工作分散到各立档单位的业务部门去;选择职能分类法(跟机构不挂钩);系统自动按照流程进行管理。一个归档的电子文件包括XML、CEB、DOC、PDF四种格式。

浙江某档案馆数字档案管理系统主要针对馆藏资源的管理、利用,仍属于计算机辅助管理系统。其具有档案收集、档案管理、档案检索、接待利用、利用统计、档案鉴定、信息发布、日常管理等功能模块。系统划分了虚拟空间。数据在临时库处理，进入正式库后不能修改。纯扫描原图以 TIF 格式保存。原始的一套单独存储，另一套转 PDF 进入管理系统后进行管理、存储、利用。

安徽省电子文件中心布置在政务外网、党政网和电子文件自身的网络中心上。业务流程是用户在提交电子文件的同时完成审核，再移交到电子文件中心；接收的电子文件来自各单位档案管理系统，不直接接收 OA 系统的数据；移交的电子档案必须是立档单位档案室归档整理后、可永久和定期保存的电子档案；光盘移交的数据在电子文件中心处理流程和网上移交一样。[①]

江西某档案馆于 2008 年年底完成了数字档案馆系统平台建设。系统平台包括计算机软硬件系统、网络系统、档案数字资源存储和备份系统、网络安全系统、UPS 电源系统等。调研时已建成政务内网、政务外网、局域网三网，且三网物理隔离。系统平台可以在线接收 OA 系统的电子文件，完成电子档案的业务管理，还可以接收、登记、生成内容真实性校验码、元数据捕获与提取、校验、格式转换、封装、著录、检索、全文检索、音视频点播、分级利用、鉴定、销毁、数字化、备份、跟踪审计、统计、恢复更新、系统管理等各项业务功能。

上海某档案馆 2001 年开始整体建设网络，分别部署了信息发布平台系统、视频采集系统、网络发布系统、公务网数据库、公务网 WEB 服务、公务网视频服务、OA、条形码管理系统、域管理系统、PDF 转换、备份管理系统等多个业务应用系统。集成的应用系统包括档案综合管理系统、身份认证系统、数据同步和备份系统、利用系统、监测系统等。上海市档案馆信息系统的主要功能有档案目录建库、档案检索、档案统计和系统管理。

江苏某数字档案馆是一个系统建设工程，按照 OAIS 模型，建立了"一库三平台四中心"，"一库"指数据资源库，"三平台"是指"馆—市"可视化展现平台，数据发布平台和业务管理平台。"馆—市"可视

---

① 参见黄玉明《安徽省电子文件中心建设的思路与做法》，《中国档案》2006 年第 12 期。

化展现平台解决了电子档案的异构问题，其主要基于表现层，使用前段浏览器采集可见数据，数据发布平台跨越互联网和政务网，在互联网上为公众提供档案查询服务，在政务网为省直机关提供服务，使用"应用虚拟化"技术，按照数据不落地的原则，使客户端不存留数据，在保证数据安全的前提下展现目录及原文档案。业务管理平台，即数据采集平台，实现电子文件在线接收。围绕查档为主，开发了三十多项功能，包括利用、审批、双机录入、角色授权管理等。

辽宁某档案馆规划的应用系统建设包括：1. 馆藏档案综合管理系统，子系统包括基于RFID射频识别的馆藏档案智能安全管理、虚拟库房管理、电子阅览室、数字照片档案管理、多媒体档案管理等；2. 行政事务管理系统（办公自动化系统）；3. 电子文件中心系统；4. 互联网信息门户；5. 现行文件中心；6. 档案资料数字化加工系统；7. 档案利用服务平台；8. 互联网信息采集管理系统；9. 集中式档案管理系统；10. 分布式档案管理系统；11. 分布式目录管理中心；12. 局域网综合管理信息平台。

四　制度和地方标准建设

江西某档案馆制定了以下标准规范：《档案馆文书、照片、录音、录像类电子档案元数据标准》《直机关文书类、声像类电子档案著录与数据交换格式规范（试行）》《档案馆电子档案与数据离线备份管理规范（试行）》《档案馆馆藏纸质档案数字化规范（征求意见稿）》《声像类电子文件收集归档管理规范（征求意见稿）》等。其中三个声像类电子档案元数据方案已经被全国档案工作标准化技术委员会批准为行业标准制定项目。

上海某档案馆在标准规范方面总的指导思想是"国家有的遵从，国家没有的可以补充"。为保证信息安全，2007年12月上海市信息化委员会、上海市国家密码管理委员会办公室、上海市国家保密局共同制发《上海市数字证书使用管理办法》（沪信息委法〔2007〕374号），其中第六条规定：利用电子政务系统开展内部办公或者协同办公、公文流转、公文归档及归档公文向档案馆移交等活动，应当使用数字证书。①

江苏某档案馆于 2011 年 9 月 1 日出台了地方标准，主要包括三点。(1)《(DB32/T 1892 - 2011) 数字档案馆建设规程》，规定了数字档案馆建设的原则和总体要求，包括系统架构、系统功能、服务平台、档案资源建设、安全管理与制度建设、验收与绩效评估等内容。(2)《(DB32/T 1893 - 2011) 电子档案基础元数据数据库结构和封装格式》，规定了档案文献数据集合的基础元数据，包括档案基础结构元数据的定义、表示方法、专题数据库结构表及交换格式设计等内容。(3)《(DB32/T 1894 - 2011) 档案数字化转换操作规程》，规范了传统档案数字化操作规程，数字成果的存储、验收、备份、管理、安全保密等要求。从 2011 年 11 月 1 日开始实施。

广州某档案馆编制有《电子文件档案资源管理规范》。2008 年 9 月，《电子文件档案资源管理规范》《纸质档案数字化数据质量检测规范》由市质监局发布。

天津某档案馆制定的标准规范主要有移交接收规范、元数据方案、归档数据结构格式、封装规范等。具体文件有《电子文件归档封装要求》《电子文件归档数据结构要求》《电子文件移交报送与接收范围》《文书类电子文件数据方案》。

青岛某档案馆制定了《数字档案馆机房巡检制度》《档案馆数字档案信息发布制度》《数字档案馆应急预案》《机关数码照片档案管理规范》《机关文书档案数字化规程》《机关数字档案室建设标准》等相关标准。

五 备份和迁移管理

杭州某档案馆扫描后的数字化成果，光盘保留，有些专业的资料用磁带，异地备份采用光盘为载体；另外，与杭州某城建档案馆进行同城在线备份。

浙江某档案馆异地备份采取两地三中心，备份策略是"县备市，

---

① 上海市国家保密局：《上海市数字证书使用管理办法（沪信息委法〔2007〕374 号）》，http：//www.9ask.cn/fagui/200712/252284_1.html，2015 年 4 月 10 日。

市备省"。

安徽某档案馆使用磁盘进行热备，使用磁带和光盘进行异地备份。

江西某档案馆按照《数字档案与数据离线备份管理规范》《档案馆数据操作暂行规定》对各门类电子档案、纸质档案数字副本、数字信息、目录数据库、系统管理数据库等进行档案级光盘、移动硬盘、磁带的异质异地备份。

上海某档案馆采用磁带进行备份，每年一次。

江苏某档案馆使用缩微胶片作为异质备份的介质，以磁带（存原文）和光盘（存音像）为异地备份介质。江苏省档案馆与湖南省档案馆进行异地备份，异地备份介质为缩微胶片和移动硬盘（15块），每年替换一次。

辽宁某电子档案备份中心是全国首家采用异地异质办法存储电子档案的单位，档案备份中心包括数据备份、异地容灾两个部分。电子档案备份系统由局域网备份系统和传输备份系统组成，形成本地与异地多套、异质、在线与脱机备份相结合的数据备份与恢复体系。局域网备份系统与传输备份系统完全物理隔离。局域网备份系统由磁带自动加载机、备份服务器、备份软件组成；传输备份系统由虚拟磁带库、备份服务器、备份软件、磁带自动加载机组成。

深圳某档案馆的异地备份，计划每两年采用磁带全备一次新磁带存放于异地防磁柜中。

天津某档案馆备份采取的是磁带和光盘（存档1套，利用1套）。异地备份进行存档数据、利用数据。

青岛某档案馆数据备份实现异地备份，存储介质有磁带、光盘、磁盘。

六　全国示范性数字档案馆建设

2014年12月，国家档案局发布《数字档案馆系统测试办法》（以下简称"办法"），由国家档案局专门成立数字档案馆系统测试工作领导小组，负责数字档案馆系统测试工作。测试依据见表2-9。共包含基础设

第二章 数字档案馆风险管理与评估现状

施、系统功能、档案资源、保障体系、服务绩效 5 个一级指标。测试采用百分制，测试结果达到 80 分以上认定为"通过国家级数字档案馆测试"，达到 90 分以上认定为"全国示范数字档案馆"。

《办法》强调，具有如下情形之一的数字档案馆将不得申请参加测试：尚未完成建立涵盖全部馆藏文件级目录数据库的；馆藏纸质档案在 50 万卷以下但数字化率低于 70% 的，馆藏纸质档案在 50 万至 100 万卷但数字化率低于 60% 的，馆藏纸质档案在 100 万至 150 万卷但数字化率低于 50% 的，馆藏纸质档案在 150 万卷以上但数字化率低于 40% 的；尚未进行电子档案接收工作的；数字档案馆发生过重大安全事故或存在严重安全隐患的。

截至 2020 年 5 月 25 日，通过国家档案局测评的"全国示范数字档案馆（室）"共有 45 家。见表 2-13。

表 2-13　　全国示范数字档案馆（室）名单①统计表

序号	所在地区	全国示范数字档案馆（室）	时间（新闻报道）
1	山东省	青岛市档案馆	2015 年 6 月 5 日
2	江苏省	江苏省太仓市档案馆	2015 年 7 月 3 日
3	浙江省	绍兴市档案馆	2015 年 9 月 7 日
4	广东省	珠海市档案馆	2015 年 10 月 8 日
5	湖北省	十堰市档案馆	2015 年 12 月 10 日
6	山东省	青岛市市南区档案馆	2016 年 5 月 8 日
7	上海市	上海市徐汇区档案馆	2016 年 9 月 27 日
8	江苏省	南京建邺区档案馆	2016 年 10 月 27 日
9	福建省	漳州市档案馆	2016 年 11 月 20 日
10	江苏省	常州市档案局	2016 年 11 月 24 日
11	广东省	中山市档案馆	2016 年 12 月 28 日
12	北京市	海关总署数字档案室	2016 年 12 月 30 日
13	浙江省	杭州市城建档案馆	2017 年 2 月 21 日

① 参见兰台之家（截至 2020 年 5 月 25 日），mp.weixin.qq.com。

续表

序号	所在地区	全国示范数字档案馆（室）	时间（新闻报道）
14	河南省	济源市档案馆	2017年6月15日
15	安徽省	蚌埠市档案馆	2017年7月13日
16	浙江省	嘉善县档案馆	2017年11月22日
17	山东省	潍坊市档案馆	2017年12月15日
18	云南省	楚雄市档案馆	2017年12月21日
19	北京市	自然资源部数字档案室	2018年
20	广东省	自然资源厅档案室	2018年12月30日
21	浙江省	杭州市档案馆	2018年12月28日
22	浙江省	宁波市档案馆	2018年12月11日
23	江苏省	南京建邺区数字档案室	2018年10月18日
24	江苏省	南京市审计局数字档案室	2018年10月18日
25	山东省	济南市档案馆	2018年11月18日
26	重庆市	重庆市国土资源和房产档案馆	2018年11月1日
27	浙江省	湖州市档案馆	2018年9月13日
28	安徽省	芜湖市档案馆	2018年11月20日
29	福建省	福建省公安厅数字档案室	2018年9月17日
30	浙江省	浙江省公安厅数字档案室	2018年9月17日
31	江苏省	张家港市档案馆	2018年12月4日
32	江苏省	苏州工业园区档案管理中心数字档案室	2019年1月15日
33	湖南省	湖南省林业局档案室	2019年3月13日
34	山东省	日照市数字档案室	2019年9月6日
35	浙江省	浙江省档案馆	2019年9月18日
36	四川省	成都市档案馆	2019年10月16日
37	陕西省	西安市档案馆	2019年11月29日
38	四川省	成都市双流区档案馆	2019年10月16日
39	山东省	山东省档案馆	2019年12月13日
40	上海市	上海市青浦区档案馆	2019年12月5日
41	云南省	云南省档案馆	2019年12月25日
42	河南省	郑州轻工业大学数字档案室	2020年5月11日
43	湖北省	湖北省水利厅档案室	2020年5月11日
44	武汉市	武汉市自然资源和规划局数字档案室	2020年5月11日
45	北京市	中华人民共和国审计署档案室	2020年5月22日

七 基于云计算的数字档案馆建设实践

在国家综合性档案馆中，明确提出采用云计算建设的有北京市区域性数字档案馆、陕西省档案馆、浙江丽水市档案馆和上海浦东档案馆。在企业档案馆中，可调研到的有中石油档案云和某地铁公司档案云。

（一）北京市区域性数字档案馆[①]

是依照"统筹规划、分步实施、统一建设、分别管理"的建设原则，应用云计算技术，构建的一种分布式区域性数字档案馆，即运行范围覆盖市和区县档案馆、各级档案移交单位及社会公众的"北京数字档案馆"，具有集约化建设、集成化管理、分布式协同与共享的特点。其建设内容包括四方面：1. 建立档案信息化工作体制机制和培养人才梯队，通过整合市和区县档案馆及各单位的档案部门，建立全局性的工作机制并不断优化工作流程；2. 研发一套国内领先、世界一流、覆盖电子档案"收、管、存、用"各工作环节的数字档案馆综合管理系统，分布部署在各级档案部门；3. 建成"北京档案数字资源库"，实现包括目录数据、电子档案和档案数字副本在内的同城共建共享；4. 建立档案信息化制度标准化体系，实现全市档案信息化工作的制度化和标准化。

在数字档案馆综合管理系统的设计方面，北京市区域性数字档案馆划分了以下三大功能平台：1. 全市统一的档案接收平台，实现市和区县档案馆以在线或离线的方式接收电子档案进馆；2. 全市统一的档案管理平台，实现馆藏档案数字资源真实、完整、可用和安全；3. 全市统一的档案利用平台，实现档案数字资源的有效整合和分层次、多渠道共享利用。

北京数字档案馆综合管理系统将采用云计算的架构模式，依托政务网运行。各级档案移交单位、各区县档案馆和社会公众使用专门的

[①] 参见周峰林《区域性数字档案馆建设——专访北京市档案局局长陶水龙》，《浙江档案》2013年第4期。

数据链路、通过预设的用户权限访问这套系统。市档案局负责统一建设和运维。

(二) 陕西省云模式数字档案馆①

陕西省云模式数字档案馆基于陕西省电子政务云平台构建，由省电子政务云数据中心和省馆信息处共同运行维护。陕西省档案云的规划分为基础业务系统（档案接收、数据交换、著录、库房管理、检索利用）、技术支持系统（数字档案馆安全运行子系统）、增值业务系统（档案编撰、专题档案研究、社会化服务等）。基于云计算，开发虚拟档案室，提供给各机关档案室；开发虚拟档案馆，提供给各基层档案馆使用。整个系统采用开放的、层次化的分布式云计算体系结构，开发部署于 FreeBSD 操作系统平台上，采用 PostgreSQL 数据库，对电子档案、元数据及业务数据进行统一管理。公共服务基于 Apache 服务器，由 XOOPS 内容管理框架、安全认证组件、XML 解析引擎等不同组件构成，为上层应用软件提供支撑服务。

(三) 浙江丽水市云模式数字档案馆②

丽水市有 10 个国家综合档案馆，1 个国家专门档案馆（城建档案馆）。由资源层、管理中间层和服务层构成的市级电子政务云平台，为档案云建设构建了基本的运行环境。丽水市档案馆统一了数据标准、数据库格式、归档流程、管理规范，协同市电子政务信息中心，对全市统一部署的党政机关的协同办公系统进行改造，要求在政务办公系统中形成的电子文件元数据、电子文件实体要按照标准进行封装，生成标准化的电子文件封装包。以市级档案馆为中心节点，9 个区县数字档案馆为分节点的"1+9+N"模式的数字档案馆云系统。全市 900 多个机关档案室可以使用同一套软件完成电子文件的归档工作，各区县档案馆按照统一标准各自建设、分布式部署、数据上传到中心节点的服务器，通过档案云平台，可以实现对全市档案的检索和

---

① 参见黄新荣《云环境下我国综合数字档案馆建设模式研究》，社会科学文献出版社 2019 年版。

② 参见黄新荣《云环境下我国综合数字档案馆建设模式研究》，社会科学文献出版社 2019 年版。

利用。在数据备份方面，市级采用了双机热备份，托管于市电子政务中心，由其负责运维。下属 9 个区县数字档案馆的数据，备份到市级数字档案馆，部分区县也启动双机热备份方案。各机关档案室的数据，采取整体备份和各自单点备份的方案。各机关档案室也负责定期将数据下载离线保存。同时，丽水市档案局引入移动办公技术，开发了"掌中档"App，建立了档案移动查阅中心，手机用户通过客户端也可查阅档案资源。

（四）上海浦东档案馆的档案云[①]

浦东档案馆接收全区立档单位的各类档案，包括城建档案，政府公文，民生档案，照片、音视频等档案。该区充分应用服务器虚拟化、桌面云、云存储的技术，将全部应用系统分阶段逐步整合到服务器虚拟化系统中，包括档案管理核心业务类、档案业务协同保障类、档案资源服务扩展类、档案资源知识管理类等。此举将传统的相互孤立的各个基础架构形成一个统一的有机整体，实现实时动态扩容和自助、自动部署服务，提高工作效率。档案数据存储方面采用了分布式文件系统，解决海量档案文件保存问题。

（五）中石油档案云

中石油公司将档案信息化纳入该公司信息技术总体规划，在全集团实施统一的档案管理系统，保存档案数据近 150TB，日均归档量60GB，日访问量超过 6000 人，使中石油档案云成为中石油各层级单位、各业务领域开展档案工作的重要平台，该公司从各自建设分散信息系统，到统一建设全局性信息系统，走向集成应用信息系统建设，最后形成信息共享服务能力，具有承载核心业务、行业规模最大、横跨两地三中心的特点。信息系统建设采用北京、异地互为备份的"架构"，建成了四个集团级数据中心，以集团级数据中心为依托，搭建了云计算平台，构建了计算、存储、网络资源池，具备了 22000 台虚

[①] 参见许建军、沈文林《基于大数据管理与云技术平台的数字档案馆建设框架研究——以浦东档案馆为例》，http：//blog.sina.com.cn/s/blog_599ea7890102wvtu.html，2019 年 10 月 7 日。

拟服务器、10PB 存储容量的服务能力，实现了资源共享，按需调度，完成 ERP 等核心信息系统的云化实施。[①] 提供的企业云服务主要包括 IaaS（物理计算服务、弹性计算服务、存储云服务、网络云服务、本地备份云服务、异地容灾备份）、PaaS 服务（数据库云服务）、企业应用（云桌面服务、瑞飞云盘服务、ITSM 服务）、企业技术服务（操作系统服务、中间件服务、数据库服务）。目前已经完成集团公司 54 个系统的云化（共 80 多个系统），档案管理系统都已部署在云端，2020 年可实现全面云化。档案云基于企业云平台建设，采用了统一身份认证、数据安全加密、数据安全传输、数据安全利用、系统安全审计、数据备份恢复等多方位立体安全防护体系。[②]

（六）某地铁公司档案云建设[③]

某地铁公司是国有独资的特大型专门经营城市轨道交通运营线网的专业运营商。公司主要的业务是城市地铁运营，包括行车电力调度、客运组织、车辆运输、通信信号等。公司有两个数据中心，一共 17 台物理机。IaaS 层的建设通过委托第三方来完成。一个数据中心由地铁公司每年交付运维服务费和服务器租赁费；另一个数据中心的服务器是该地铁公司自行购买的，由第三方负责运维。对第三方公司的约束主要体现在 SLA 的签订和定期的考察上，考察每隔一年进行一次，不合适就更换另一个第三方公司。PaaS 层也是委托的第三方公司，交付运维服务费和软件租赁费。SaaS 层自建，委托第三方维护。

[①] 参见汪洋《云计算在石油石化及润滑油行业的应用现状》，《石油商技》2017 年第 10 期。

[②] 参见档案那些事微信公众号，《档案实务｜当"概念"变为"现实"：跨上云平台的中国石油档案工作调研纪实》2018 年 10 月 28 日。

[③] 参见刘爽《某地铁司档案云建设研究》，学士学位论文，北京联合大学，2018 年。

第三章 云数字档案馆风险评估的理论和方法

第一节 云数字档案馆风险管理框架

组织管理中重要的一环是风险管理。通过风险评估，对风险要素进行识别、分析、评价，就可以构建风险评估基础，设计风险管理的范围和准则，确定云数字档案馆核心资产需要保护的安全等级，提出风险应对策略，实现安全管理。参见国标《（GB/T 24353-2009）风险管理原则与实施指南》[1]，可以构建云数字档案馆的风险管理框架。见图3-1。

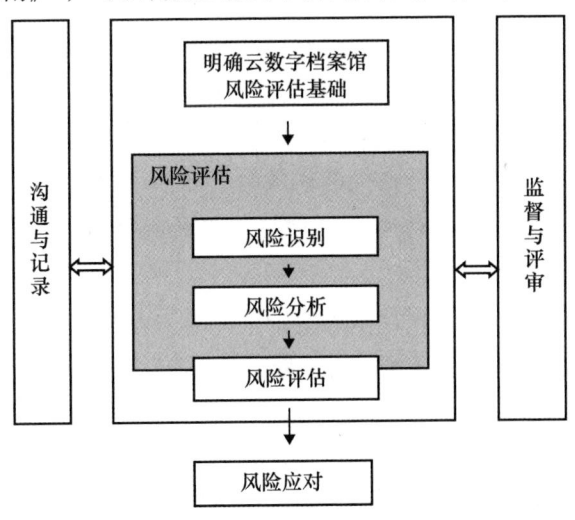

图3-1 云数字档案馆风险管理框架图

---

[1] 参见中国国家标准化管理委员会《GB/T 24353-2009 风险管理原则与实施指南》，https：//max.book118.com/html/2018/0907/8015073021001123.shtm，2018年10月20日。

云数字档案馆风险评估基础：组织需要明确风险管理目标，确定风险管理范围，确定风险管理组织并明确职责，制订工作计划，形成工作方案。

风险识别：通过分析云数字档案馆生态系统及构成要素之间的相互关系，厘清其风险的特殊性和形成机理，识别在组织保障风险、档案业务管理风险、信息服务风险、技术实现风险四个模块中存在的风险事件，事件中相关风险因子，以及产生影响大小和后果，形成系统性的风险列表。

风险分析：对云数字档案馆运行中存在的风险事件或风险因子进行综合性分析，作为后续风险评价和应对的策略的依据。

风险评估：通过综合评价法，由咨询专家对云数字档案馆运营中面临的风险进行量化打分，通过数据规范化处理手段，选择适当的评估模型，获得风险评价结果，确定风险等级，找出引起风险产生的关键要素。

风险应对：针对云数字档案馆风险评价中凸显的风险要素，分析其在管理、业务、服务、技术等方面存在的原因，采取应对策略，控制风险发生或把发生风险的影响降到最低。

监督和评审：明确界定云数字档案馆管理责任人职责。通过监督和评审，如风险自评、行业类的风险检查评估和第三方认证评估，动态监控云数字档案馆运行中的风险情况并形成报告，及时推进整改，确保其安全运行。

沟通和记录：风险管理是档案馆全员参与的活动，要确保各部门和员工理解风险管控与本职工作和绩效考评的高度相关性。要保证在风险管理的各阶段有效沟通和交流，才能把风险管理落到实处。同时，要规范化保留风险管理的过程记录，以备追踪溯源，分析风险产生的原因，以便未来从制度、标准、规程、技术等方面加以改进，确保安全。

云数字档案馆的管理主体，如档案馆或行业主管，要建立全面风险管理的框架结构，形成组织内部的管理文化。

第二节 云数字档案馆风险要素分析

风险分析中主要涉及三个要素：被风险影响的资产、引起资产风险的威胁、被威胁攻击的资产脆弱性。资产具有价值，才会受到威胁；资产具有弱点，即脆弱性，才会被攻击；而威胁来自企图破坏资产价值的人或事，包括动机、威胁主体、威胁频率等。风险分析如图 3-2 所示①：

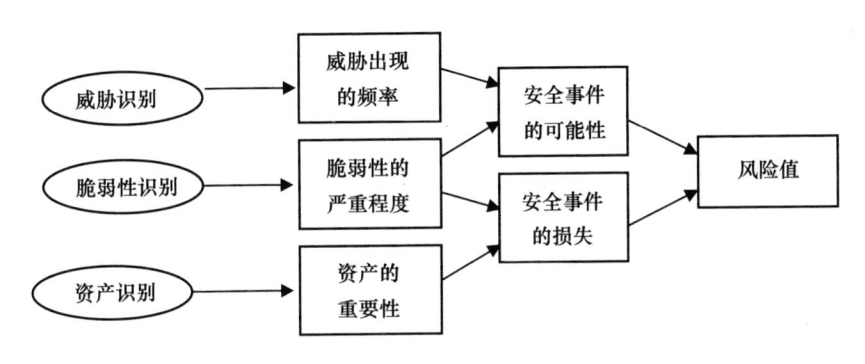

图 3-2 风险分析示意图

云数字档案馆由硬件、软件、网络、档案数字资源等构成，其风险分析主要内容为：（1）识别云数字档案馆的资产，进行重要性区分；（2）识别云数字档案馆资产面临的威胁，确定威胁频率大小；（3）识别云数字档案馆资产的脆弱性，以及其严重程度；（4）识别云数字档案馆面临的威胁和脆弱性会产生的结果，确定安全事件发生的概率；（5）计算云数字档案馆安全事件产生的损失；（6）计算云数字档案馆安全事件一旦发生产生的影响，即风险值。

---

① 参见国家信息安全办公室《信息安全风险评估指南》，https://wenku.baidu.com/view/dfa9612c2a160b4e767f5acfa1c7aa00b42a9d09.html，2019 年 4 月 8 日。

一 资产要素

云数字档案馆是人造的、基于云计算构建的档案数字资源管理信息系统,具有其独特的内外生态环境。风险管理的目的,是要保护其中最重要的核心资产——档案数字资源的真实性、完整性、可靠性和有效性。这些资源,真实地记载了一个地区或一个国家乃至世界的历史,对传承社会记忆、传播社会文明具有重要的意义,是云数字档案馆存在的价值所在。

由于档案数字资源以数字形式存在,需要基于计算机软硬件平台,在合规的管理信息系统中形成、管理和利用。因此,云数字档案馆的主要资产见表 3-1。

表 3-1　　云数字档案馆的主要资产种类统计表

分类	示例
档案数字资源	数字档案、传统档案数字化、目录数据库、全文数据库、专题数据库、编研产品等
系统操作日志	系统日志、应用程序日志、安全日志等
用户隐私信息	身份信息、登录名、联系方式、检索内容、SLA 协议等
IaaS 层	基础设施、主机设备、网络设备、虚拟主机等
PaaS 层	操作系统、数据库、中间件、API 接口、开发环境/工具、安全软件等
SaaS 层	档案数字资源接收系统、政务网档案数字资源利用服务系统、互联网档案数字资源利用服务系统、档案数字资源综合管理系统、档案数字资源长期保存系统虚拟档案室、虚拟档案馆、档案数字资源系统管理系统等
终端接入设备	有线终端、无线终端、外设
机房设备	不间断电源、空调、门禁、防尘和消防设施
管理能力	组织的业务战略、规划、职责、部门设置、制度规范等
服务能力	运行维护、检索服务、云服务退出机制、应急响应与灾备、监控审计等
人员	档案数字资源的形成者、云数字档案馆的组织管理者、利用者、云设备提供商、云集成商等
无形资产荣誉	云服务商、云设备提供商、云集成商等

二 威胁要素

威胁无处不在，可能是人为因素、系统缺陷因素、自然环境等，这些威胁对云数字档案馆的资产构成潜在破坏的可能性。可能的威胁来源见表3-2。

表3-2　　　　　　云数字档案馆的威胁来源列表

来源		描述	结果	影响
自然环境因素		由于断电、静电、灰尘、潮湿、温度、鼠蚁虫害、电磁干扰、洪灾、火灾、地震等环境条件和自然灾害；意外事故或由于软件、硬件、数据、通信线路方面的故障	数据泄漏、数据破坏、服务中断	资产损失、行政管理效率损失、信誉损失、危害公共安全
人为因素	恶意人员	内部人员自主或内外人员勾结，进行物理攻击；或盗窃机密信息或进行篡改；或越权或滥用；或篡改信息；或抵赖；或使用黑客攻击技术，做出破坏系统的行为；或对网络和系统的机密性、完整性和可用性进行破坏，以获取利益或炫耀能力等		
	无恶意人员	内部人员由于缺乏责任心，或者由于不关心和不专注，或者缺乏培训，专业技能不足，不具备岗位技能要求，或者没有遵循规章制度和操作流程，没有执行相应的操作，或无意地执行了错误的操作，对系统造成影响而导致故障或被攻击		
系统缺陷				

三 脆弱性要素

脆弱性藏在云数字档案馆资产中，是威胁可能入侵的突破口。由于其具有隐蔽性的特点，有的弱点可能要在特定的条件和环境才能显现。因此，脆弱性识别可以从云数字档案馆的组织管理、业务管理、技术实现、信息服务等方面进行。脆弱性识别内容见表3-3。

表3-3 云数字档案馆的脆弱性识别内容统计表

类型	识别对象		识别内容
技术的脆弱性	IaaS	平台结构	从技术架构、应用架构、数据架构、运行治理架构、安全域划分、结构安全进行识别
		物理设施	从机房场地、机房防火、机房供配电、机房防静电、机房接地与防雷、电磁防护、通信线路的保护、机房区域防护、机房设备管理、门镜系统等方面进行识别
		网络资源	从网络结构设计、边界保护、外部访问控制策略、内部访问控制策略、网络设备安全配置、安全基线等方面进行识别
		虚拟资源	从虚拟机镜像防护、虚拟机网络防护、虚拟机访问控制、虚拟机动态定位、虚拟机边界防护、安全基线等方面进行识别
		服务器（含操作系统）	从物理保护、用户账号、口令策略、资源控制、事件审计、访问控制、新系统配置（初始化）、注册表加固、网络安全、系统管理、计算机病毒等方面进行识别
		存储资源	用户隔离、数据位置、数据残留、数据多副本容错、灾难恢复
	PaaS		从分布式文件系统安全进行识别，如档案海量数据的存储和快速检索、多用户并发、数据操作的同步性，服务器动态扩展性，分布式数据库安全；从该平台不同用户的身份认证和访问安全进行识别，如档案软件开发人员、平台管理员、应用管理员身份认证和访问权限控制，应用间安全隔离和用户间安全隔离，管理者有意或无意的人为风险等
	SaaS		从档案业务活动开展进行识别，如多租户隔离、身份认证、访问权限、口令策略、资源共享、事件审计、系统配置、补丁安装等
	云终端		从终端用户行为进行识别，如非授权操作、恶意攻击、病毒、身份认证、访问权限、补丁安装、加密技术、档案信息完整性和保密性、安全基线检测等
组织管理的脆弱性	从组织的运行环境、领导力、组织建设、制度规范、运行管控等进行识别		
业务管理的脆弱性	从档案资源建设、数字档案管理、档案业务开展等进行识别		
信息服务的脆弱性	从服务规程、用户关系管理、服务业务开展等进行识别		

第三节　云数字档案馆风险评估的要素关系模型

云数字档案馆是基于云计算建设的数字档案馆，具有电子档案安全保管中心、电子档案利用中心、电子文件备份中心、政府信息查询中心及爱国主义教育中心的功能。其业务战略围绕此"五位一体"定位，起到保存社会记忆、传承档案文化的作用。

风险评估是围绕资产（档案数字资源及其所依赖的软硬件环境、服务能力等）、威胁（来自数字档案馆内、外，可能对资产造成损害事故的潜在原因）、脆弱性（资产可能被威胁利用的弱点）、安全措施和风险这些基本要素展开的。见图3-3。

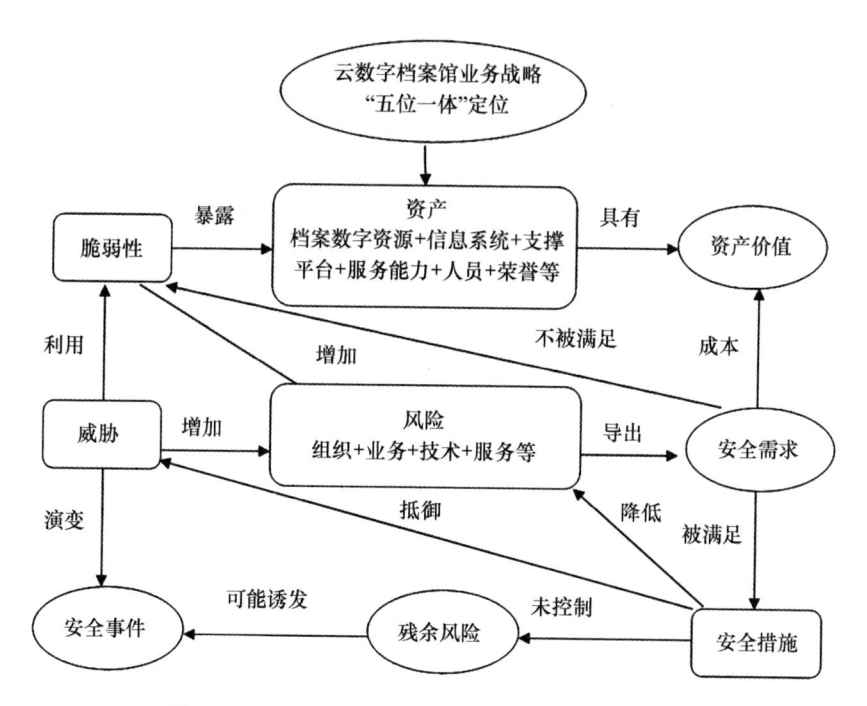

图3-3　云数字档案馆风险评估的要素关系模型图

在风险评估中，云数字档案馆业务战略对其核心资产的依赖性要充分考虑，这个业务战略决定了其存在的必然性。"五位一体"的战略定位，决定了云数字档案馆最核心的资产是档案数字资源。由于这个核心资产可以与载体分离的特点，其形成、保管、长期存在和利用必须依赖相关的硬件设施、支撑软件、应用软件、网络设施等（见表3-1）。因此，业务战略对这些资产的依赖性很高，反映出资产的价值很大，从而风险也加大。威胁利用资产的脆弱性进行攻击，引起资产暴露，产生风险。威胁越大，风险也越大，如果风险发生，将会演变成安全事件。

安全需求要通过安全措施来保证，它可以抵御威胁，降低风险，减少安全事件；在实施了安全措施后也会有残余风险，只要这些残余风险对系统的安全性影响不大，则可以继续监控；残余风险应受到密切监视，否则未来有可能会诱发新的安全风险。[①]

第四节　云数字档案馆风险评估的三要素

对云数字档案馆的风险评估，必须有一套理论方法和判别依据。评估的三要素包括评估指标集、评估方法集和咨询专家集。[②]

一　评估指标集

评估指标是一种描述评估对象所处状态和特征的科学语言，衡量总体目标的量化标志，是云数字档案馆风险评估的重要基础和依据，通过一系列科学、完整、系统的指标来反映被评对象的要素现状及发展趋势，建立统一的测评尺度，是整个评估工作的核心，影响着评价结果的可靠性、有效性。

---

① 参见国家信息安全办公室《信息安全风险评估指南》，https://wenku.baidu.com/view/dfa9612c2a160b4e767f5acfa1c7aa00b42a9d09.html。

② 参见国家科技评估中心《立项评估概念/方法和组织实施》，科技评估培训资料2002年版。

第三章 云数字档案馆风险评估的理论和方法

在评估指标的设计上,要做到11点。(1)系统完备性:从系统角度,全面地、综合地反映被评对象的整体情况出发,从中抓主要因素,达到既反映直接效果又反映间接效果,保证综合评价的全面性和可靠性。(2)简明性:在不影响评估目标的前提下,选择关键性指标,尽量避免各指标之间的相互关联,满足指标的充分必要性。(3)客观性:选择具有权威性、代表性的专家参与指标确定,广泛征集相关领域的建议。(4)时效性:随着社会价值观念的变化而不断调整,保持与科技发展、生产力发展、生活水平同步。(5)可测性:指标的内涵和外延界定清晰,数据收集、判定和计算方便。(6)指标互斥性:要注意各指标的相互独立性,避免显见的包含关系、对隐含的相关关系要在模型中以适当的方法消除。(7)定量和定性相结合性:使评估具有客观性、便于数学模型处理、弥补单纯定量的不足及数据本身存在的某些缺陷。(8)绝对量和相对量相结合性:绝对量指标反映系统的总量及规模水平,相对量指标反映系统在某些方面的强度和密度。(9)同趋势性:指标的选择保持同趋势化,以保证其可比性。(10)重点性:指标设置要有重点性,即重要方面的指标要设置密些、细些,次要方面的指标可设置粗些、稀些。(11)层次性:指标设置要有层次性,可以为衡量方案的效果和确定指标的权重提供方便。

二 评估方法集

评估方法集主要以系统工程理论的模型为基础。定性、定量方法的综合集成已成为适应风险个性化需求的评估模型。评估模型大致分为基本模型和改良模型两种,后者是在前者的基础上,根据被评对象和信息特点加以修正得出的。具体的评估方法集可见表3-5。不同的评估对象具有不同的特点,所以,只有选择了合适的评估方法,才能反映被评对象的特色。

三 咨询专家集

咨询专家集是风险评估的重要信息来源,根据实地检查情况和对应的评价指标,专家提供的咨询信息对评估结果起着举足轻重的作用。从狭义上说，咨询专家不在评估的范畴内，但由于云数字档案馆的组织管理、档案业务开展、信息服务、技术实现的特殊性，评估内容涉及面广，知识跨度大，专业性强，评估依赖于咨询专家的评价意见，因此，从广义上说，咨询专家是评估方法中的关键要素。

第五节　云数字档案馆风险评估体系建立的程序

参见图3-4，围绕着风险评估体系的三大要素，其全过程包括：（1）建立科学、合理、简单、可测的评估指标，该指标体系的形成是一个反馈、修正的闭环系统；（2）选择覆盖技术、管理、档案专家、档案行业主管等领域的咨询专家，其咨询活动贯穿指标体系建立和测评项目的全过程；（3）根据评估的云数字档案馆的特点，选择合适的数学模型，综合评价被评对象，得出量化的风险评估级别的判定依据。

访问类方法分为结构化访问和非结构化访问。结构化访问又称标准化访问，即按照某种结构，统一设计问卷来访问。访问的对象根据这个标准问卷，对全部被访问者提出的问题、顺序、方式、被访问者回答的记录方式都是统一的。其优点是访问结果便于量化，调查过程易于控制，调查结果可靠，问卷回收率高，应答率高。但结构化访问费用高、时间长，限制了调查的规模性。同时，访问员的知识结构、访问经验和态度、整体素质决定了访问结果的质量。访问方式分为面访、电话访问、问卷调查。

非结构化访问包括三个方面。（1）非结构化的个别面访，按照调查提纲来实施，是一种引导式，小部分被调查者被调查。（2）小组专题访谈，通过小组会议中设定一个特别的主题来实施。参与者讨论他们的观点、意见、理解和经验，每个小组成员可以自由地发表自己的评论或批评，参与者之间可以互相启发，碰撞出新的想法和观点。（3）开放性问卷调查，没有标准答案，允许被调查者自己对着问题来回答。采用非概率样本选择方法来选择样本，针对来自不同背景和

第三章 云数字档案馆风险评估的理论和方法

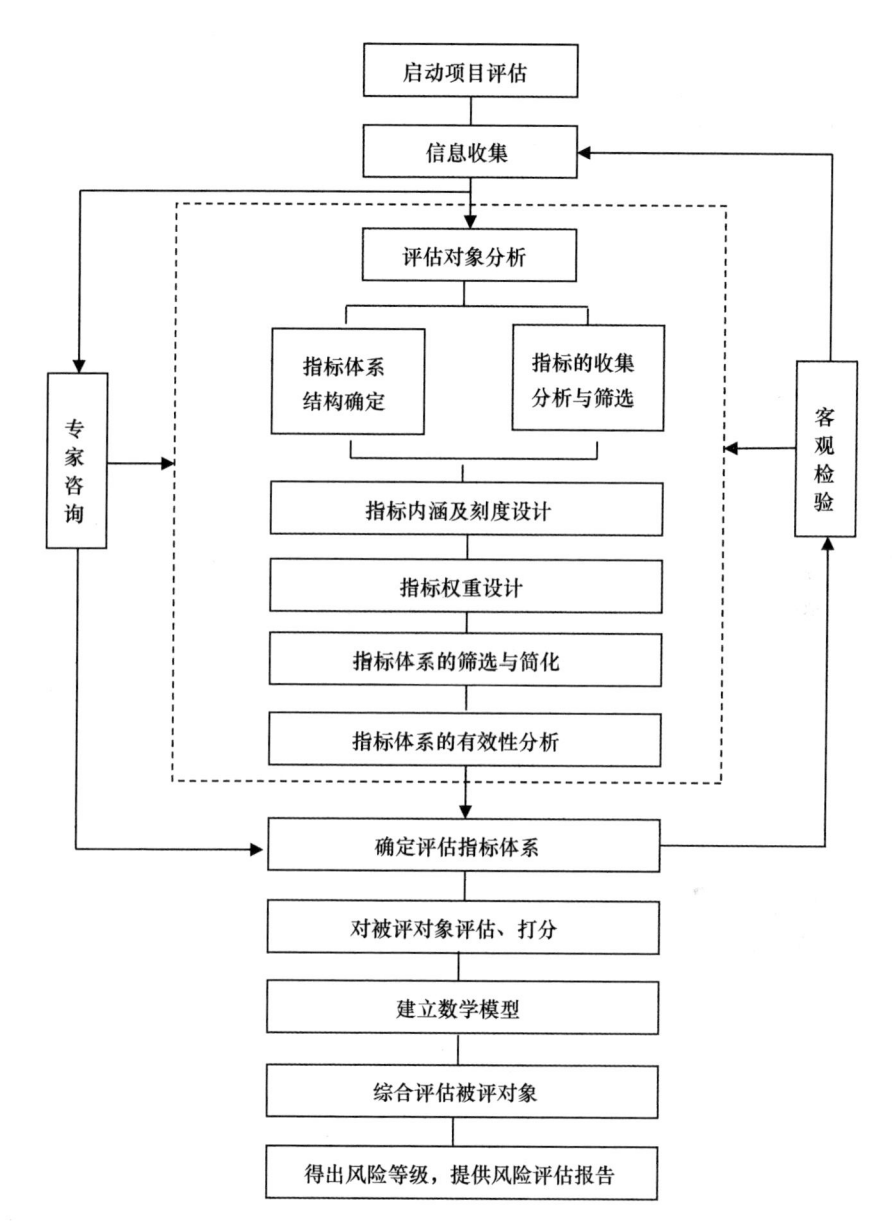

```
          启动项目评估
                ↓
          信息收集  ←──────────────┐
                ↓                    │
    ┌─────评估对象分析─────┐          │
    │         ↓            │          │
    │  ┌───────────┐  ┌───────────┐  │
    │  │ 指标体系   │  │ 指标的收集 │  │
    │  │ 结构确定   │  │ 分析与筛选 │  │
    │  └───────────┘  └───────────┘  │
  专│         ↓                      客│
  家│    指标内涵及刻度设计           观│
  咨│         ↓                      检│
  询│      指标权重设计               验│
    │         ↓                       │
    │    指标体系的筛选与简化          │
    │         ↓                       │
    │    指标体系的有效性分析          │
    └─────────┬──────────────────────┘
              ↓
          确定评估指标体系
              ↓
          对被评对象评估、打分
              ↓
          建立数学模型
              ↓
          综合评估被评对象
              ↓
        得出风险等级，提供风险评估报告
```

图3-4 云数字档案馆风险评估体系建立的流程图

不同经验的被调查者，通常提出一系列不同的问题，以便获得对研究主题比较全面和中肯的了解。

因此，在评估信息采集中要注意信息采集的范围、方法和精确度与评估任务的匹配，多渠道、多角度采集信息。进行综合评价前，要校验和探究数据的准确性、充分性、可靠性，才能比较客观地反映被评对象的特征。

一　确定指标体系的结构

要针对云数字档案馆运行的特点，参考相关标准要求，基于评估指标体系的准确性与合理性，设计评估指标。

目前常见的评估体系的指标结构有三种。（1）层次性评估指标体系。通过分析系统的功能层次、结构层次、逻辑层次，建立相应的评估指标体系。（2）网络型评估指标体系。在结构比较复杂的系统中，可以采取部分网络状的评估指标体系，用于处理难以分离或系统评价模型本身要求的特殊情况。（3）多目标型评估指标体系。对复杂系统，可以分解总目标，建立多目标评估体系。每个目标的评估体系可以是层次型、网络型，或者分解多目标型。指标体系的设计要根据评估对象的特点，对各要素进行分析，弄清各指标的本质属性（定性、定量或动态、静态等），为建立数学模型、获得评估数据奠定基础。

二　评估指标的内涵与标度

在指标体系集建立之后，每一个评估指标都应制定具体的标准和统一的计算方法，包括定量指标、定性指标。在实际应用中，为了能够对评估对象进行多指标的综合评估，有时要将各种指标值转化成一个相对统一的尺度，这一过程称为指标数据规范化。

对于风险评估的指标，概念的内涵和外延应该明确，应能够度量和反映评估对象的主体特征、发展趋势和主要问题。通常情况下，指标之间会存在信息交叉，可以通过数据处理加以剔除，选择满足要求的指标，提高评估结果的准确性和科学性。被评对象的每一个指标可以有不同的指标标度，标度应具有可测性、可比性和层次性，易于量化。

指标一般分为定性指标和半定量指标，主要依赖实施评价的专家组对每一指标所刻化问题的判断。因此，在指标标度设计时还必须考虑适合这种评估方式和判断结果精确度的要求。常规有五点标度的设计,即为每一个指标设计出五个标度,对应于很好、较好、一般、较差、很差,或者采用量化数值5、4、3、2、1来对应,较为直观、简明,也可以采用十分制或百分制,与评估人员日常对事物的评估相一致。

三 确定评估指标权重

在风险评估过程中,由于考虑每个指标对总体目标的贡献差别,常常引入权重的概念。常规存在两种权重。(1)咨询专家的权重,用于考察他对咨询结果的可信程度。(2)评估指标权重,用于确定评估指标对总体目标的贡献率。

评估专家权重值 $W_{专家}$ 在0至1间动态取值,表达了专家对评估对象或指标的熟悉程度。咨询专家权重值可根据表3-4,由专家自己勾选熟悉程度,以便评估数据时量化成对应数值。

表3-4　　　　　　咨询专家权重对应表

专家熟悉程度	很熟悉	熟悉	较熟悉	不太熟悉	不熟悉
$W_{专家}$	1	0.9	0.8	0.5	0.3

确定指标权重的方法通常有专家调查法、二项系数法、层次分析法(AHP法)、逐一比较法等,这些属于主观赋权法;另一类如主成分分析法、均方差法、多目标规划法等,根据一定的规则自动赋权,属于客观赋权法。本书采用主观赋权法中的AHP法。

四 确定评估方法

常见的综合评估方法分为9大类。[①] 见表3-5。从表3-5可以看出,每一种评估方法都有其独特性和适用范围,没有一种能够适用于风险评估全过程。由于被评估对象的独特性,实际操作中要将数

[①] 参见陈衍泰、陈国宏、李美娟《综合评价方法及研究进展》,《管理科学学报》2004年第7期。

学、运筹学、统计学、经济学中的许多方法应用到风险评估中，形成多种方法的综合交叉使用，这将是风险评估方法的发展方向。根据本书的特点，笔者选择系统工程方法、模糊数学法相结合的综合方法。

表 3-5　　　　　　　常见的综合评估方法统计表

方法类别	方法名称	方法描述	优点	缺点	适用对象
定性评估方法	专家会议法	组织专家面对面交流，通过讨论形式形成评估意见	操作简单、可以利用专家的知识，结论易于使用	主观性强，多人评估时结论难收敛	战略层次的决策分析对象，不能或难以量化的大系统，简单小系统
	Delphi 法				
技术经济分析方法	经济分析法	通过价值分析、成本效益分析、价值功能分析，采用 NPV、IRR、T 等指标	方法含义明确，可比性强	建立模型较困难，适合于评估因素小的对象	大中型投资与建设项目，企业设备更新与新产品开发效益等评估
	技术评估法				
多属性决策方法	多属性和多目标决策方法	化多为少，分层序列、直接求非劣解、重排次序法来排序和评估	对评估对象描述比较精确，可以处理多决策者、多指标、动态的对象	刚性评估，无法涉及有模糊因素的对象	优化系统的评估与决策，应用领域广泛
运筹学方法	数据包络线分析模型	以相对效益为基础，按多指标投入和多指标产出，对同类型单位相对有效性进行评估，基于一组标准来确定相对有效生产前沿面	可以评估多输入多输出的大系统，用"窗口"技术找出单元薄弱环节并建议改进	只表明评估单元的相对发展指标，无法表示出实际发展水平	评估经济学中生产函数有效性，产业效益评估，教育部门的有效性
统计分析方法	主成分分析	相关的经济变量间存在起着支配作用的共同因素，可以对原始变量相关矩阵内部结构进行研究，找出影响某个经济过程的几个不相关的综合指标来线性表示原来变量	全面性、可比性、客观合理性强	因子负荷符号交替使函数意义不够明确，需要大量的统计数据，不能反映客观发展水平	对评估对象进行分类

第三章 云数字档案馆风险评估的理论和方法

续表

方法类别	方法名称	方法描述	优点	缺点	适用对象
	因子分析	根据因素相关性大小把变量分组，使同一组内的变量相关性最大			反映各类评估对象的关系，并用于分类
	聚类分析	计算对象或指标间的距离，或者利用相似系数，进行系统聚类	可以解决相关程度大的评估对象	需要大量的统计数据，不能反映客观发展水平	证券组合投资选择，地区发展水平评估
	判断分析	计算指标间的距离，判断所归属主体			主体结构的选择、经济效益综合评估
	评分法	评估对象划分等级、打分，再进一步处理	方法简单、容易操作	用于静态评估	新产品开发计划与结果，交通系统安全性评估等
	关联矩阵法	确定评估对象与权重，对各替代方案有关评估项目确定价值量			
系统工程方法	层次分析法	针对多层次结构的系统，用相对量的比较，确定多个判断矩阵，取其特征跟所对应的向量作为权重，最后综合出总权重，进行排序	可靠性比较高，误差小	评估因素不能太多（不超过9个）	成本效益决策、资源分配次序、冲突分析
模糊数学法	模糊综合评价 模糊积分 模糊模式识别	引入隶属函数，实现把人类直觉确定为具体系数	克服传统数学方法中"唯一解"的弊端，根据不同的可能性得出多层次的问题题解，具备可扩展性，符合现代管理中"柔性"管理的思想	不能解决评估指标间相关造成的信息重复问题，隶属函数、模糊相关矩阵的确定方法有待进一步研究	消费者偏好识别、决策中的专家系统、证券投资分析、银行项目贷款对象识别等，拥有广泛的应用前景

续表

方法类别	方法名称	方法描述	优点	缺点	适用对象
对话评估法	逐步法（STEM）	用单目标线性规划法求解问题，每进行一步，分析并把计算结果告诉决策者来评价结果。如果认为已经满意则停止迭代；否则再根据决策者意见修改和再计算，直到满意为止	人机对话的基础性思想，体现柔性化管理	没有定量表示出决策者的偏好	各种评估对象
	序贯解法（SEMOP）				
	Geoffrion法				
智能评估法	基于BP人工神经网络的评估	模拟人脑智能化处理过程的人工神经网络技术，通过BP算法、学习或训练获取知识，并存储在神经元的权值中，通过联想把相关信息复现。能"揣摩"或"提炼"评估对象本身的客观规律，进行对相同属性评估对象的评估	网络具有自适应能力、可容错性、非局域性与非凸性的大型负载系统	精度不高，需要大量的训练样本等	应用领域不断扩大，涉及银行贷款项目、股票价格的评估、城市发展综合水平的综合评估

第四章 云数字档案馆的运行机理和风险特征

第一节 云数字档案馆构建的理论模型

云数字档案馆的建设，可以利用云计算虚拟化技术支撑下的统一管理、智能动态调度、信息分布式存储和自动化处理、规模化部署和多元化服务、使用的按需响应和服务的计量管理等特点，实现区域性或全国性统一组织、统一标准、统一系统、统一保存、统一运维和统一管理的建设模式，节省全国档案系统内档案信息化基础设施投资，促进档案工作整体推进和均衡发展。

一 通用云技术架构

云环境下的档案数字资源管理的通用云技术框架见图4-1，通用服务平台见图4-2。由以下几个主要部分组成。[①]

1. 固件/硬件层。主要包含硬件服务器和交换机等，为软件内核层提供硬件的操作、管理和更新服务等功能；软件内核层负责管理固件/硬件层的物理硬件设备，通常由操作系统内核、虚拟机监控器和集群中间件来实现。

2. 非结构化数据的分布式存储。采用类似于Google文件系统GFS、Hadoop的HDFS等分布式存储技术。非结构化数据的存储过程中，一般按照实现配置好的大小（默认为64MB）进行分块，并对每

[①] 参见薛四新、朝乐门、田雷《云计算环境下电子文件管理的关键技术研究》，《北京档案》2013年第1期。

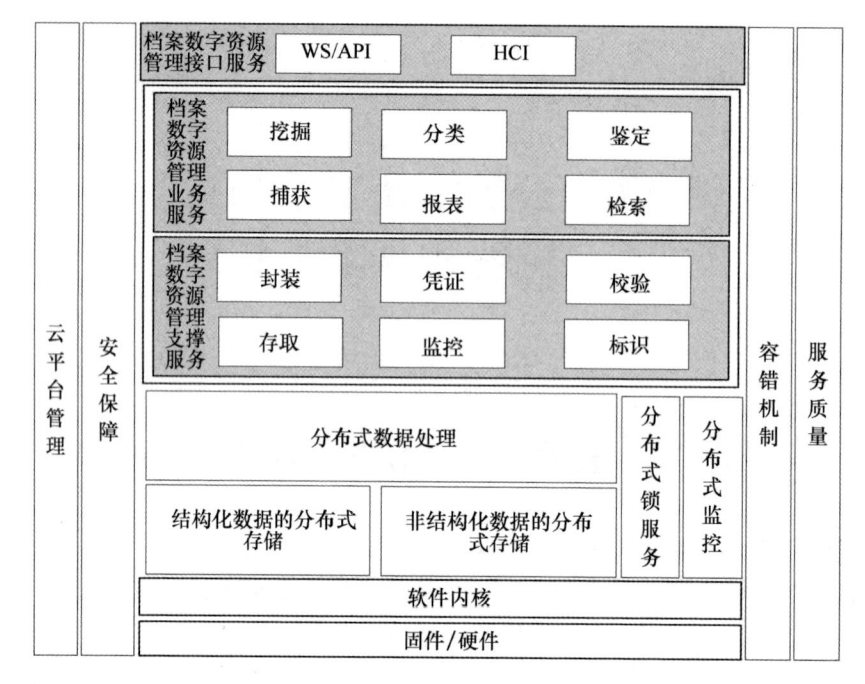

图4-1 云数字档案馆通用云技术框架图

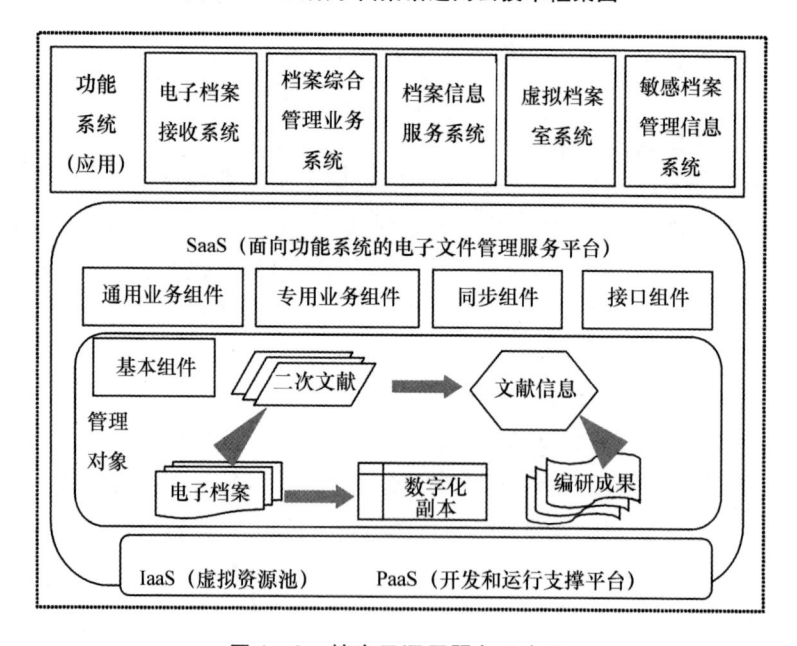

图4-2 档案云通用服务平台图

个分块进行唯一索引后存储在不同的数据块服务器上，所有数据块服务器由主服务器统一管理，力求控制流和数据块的分离。在云环境下，档案数字资源需要被存放到分布式非结构化文件系统中，由文件系统统一管理。

3. 结构化数据的分布式存储。与传统关系数据库不同的是，云环境下的结构化数据模型一般由一个行关键字、列关键字和时间戳进行索引，其数据访问需要数据锁服务。在实现过程中，云环境下的结构化数据的分布式存储一般采用主服务器和子表服务器进行分工管理，其中主服务器负责新子表的分配、子表服务器的监控和负载均衡等问题。在云环境下，档案数字资源的元数据一般存储在分布式结构化表中，由分布式结构化数据管理系统统一管理。

4. 分布式数据处理。MapReduce是云环境中分布式数据处理的常用技术，它封装了并行处理、容错机制、本地化计算、负责均衡等细节，并提供了编程接口。云环境下的档案数字资源管理中采用以MapReduce为代表的分布式数据处理技术来处理档案数字资源，需要对目前的档案数字资源管理系统中普遍采用的数据处理算法和技术进行改进或重新设计。

5. 档案数字资源管理支撑服务。该层为档案数字资源管理业务层提供一些共性的支撑服务和功能，包括档案数字资源封装、电子凭证管理、完整性校验、分布式存取、档案数字资源监控和档案数字资源的溯源。以电子凭证管理为例，档案数字资源的规划、捕获、报表、分类、保管、处置、挖掘、检索、再现等档案数字资源生命期的每个阶段均需要电子凭证的生成或校验。因此，电子凭证技术与档案数字资源管理业务层的分离，较好地实现了二者之间的松散耦合性，可以降低业务系统的开发和维护成本。

6. 档案数字资源管理业务服务。档案数字资源管理业务服务主要包括规划、捕获、分类安全与监控、保管与处置、检索与再现、系统管理、非档案数字资源管理等方面，负责实现档案数字资源管理业务服务的虚拟化，形成档案数字资源管理工具资源池。档案数字资源管理用户可以通过系统提供的接口，包括人机交互界面（如Web界面）和程序编程接口（如Web服务、API等），租用云端档案数字资源管理提供的各种服务。

7. 其他服务。云端档案数字资源管理还需要系统管理、安全保障、容错机制和服务质量等技术，它们贯穿于云环境下的档案数字资源管理系统的所有层次。云安全保障需要可信访问控制、密文检索与处理、数据存在与可使用性证明、数据隐私保护、虚拟安全技术、云资源访问控制、可信云计算等关键技术；分布式锁服务主要用于保证数据操作的一致性，如 Google 云计算中采用了 Paxos 算法支持的分布式锁服务 Chubby，较好地实现了数据一致性问题；分布式监控技术，如 Dapper、Chukwa 等，主要用于检测、分析和响应云环境下的设备、服务、进程、负载和状态等变化。

二 云数字档案馆的部署

云数字档案馆的部署为"一个中心、三个安全域、六个系统"的环境构建，满足"四类用户"对不同类型档案资源的管理和利用需要。

"一个中心"指统一的电子档案数据云存储中心。"三个安全域"，即因特网、政务网和档案馆内部局域网。其中，档案馆内部局域网内部中部署所有档案数字资源，包括可以公开资源、控制资源和绝密资源；政务网上部署两种资源，即通过政务网在线提交的资源和通过离线方式提交并经档案馆审核后可以共享至政务网的资源；因特网中仅部署可向公众公开的档案数字资源。"六个系统"，即虚拟档案室系统、档案数字资源接收系统、档案数字资源综合管理系统、档案数字资源长期保存系统、档案数字资源公共利用服务系统、档案数字资源系统管理系统。

"四类用户"包括：1. 档案管理的用户包括档案馆和档案室的档案管理人员；2. 档案信息享用的用户包括立档单位、社会公众/个人和档案编研与历史研究者；3. 软硬件系统的运行维护、管理控制和技术支持与服务人员；4. 云数字档案馆的管理者、决策者，负责对数字档案馆的整体规划与建设发展，负责监督管理和审计跟踪前面三类用户的相关行为和职责的履行。

云数字档案馆的软硬件部署的内容包括两个方面。1. 硬件部署，包括硬件服务器、交换机、网关、磁盘阵列、防火墙、入侵检测系统、入侵防御系统和数字化处理设备等多种硬件设备。见图 4-3。

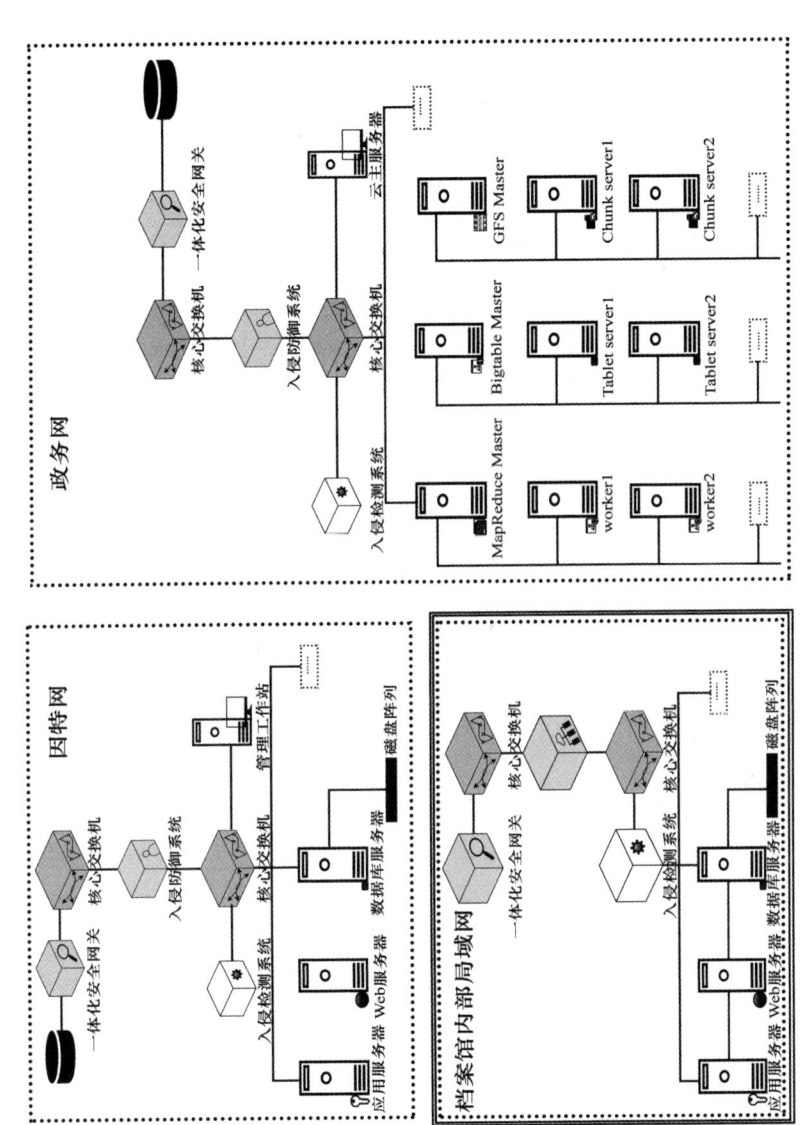

第四章 云数字档案馆的运行机理和风险特征

图4-3 云数字档案馆三网部署图

2. 软件部署，如表 4-1 所示，所有软件系统将部署在政务网中；档案馆内部网中部署除了云平台管理等之外的其他应用；因特网上仅部署档案数字资源公共利用服务系统或其部分功能模块。

表 4-1　　　　　云数字档案馆软件系统部署情况表

序号	系统名称	互联网	政务外网	专网
1	虚拟档案室		√	
2	档案数字资源接收系统		√	√
3	互联网档案数字资源利用服务系统	√		
4	政务网档案数字资源利用服务系统		√	
5	档案数字资源综合管理系统		√	√
6	档案数字资源长期保存系统		√	√
7	档案数字资源系统管理系统	√	√	√

（1）电子档案接收系统：建设区域性电子档案接收平台，实现市、区、县三级档案馆接收电子档案。[①] 该平台部署在政务网中，集成电子档案凭证生成和校验技术，采取数据安全传输机制，实现电子档案数据与元数据、电子档案凭证的版式文档格式封装功能等。未覆盖政务网的移交单位可通过离线的方式委托本地区辖内的档案馆向系统中移交电子档案数据。通过该平台接收的电子档案数据存储在核心云存储环境中，且该平台仅提供移交档案统计报表的功能，不能检索和阅览核心云存储环境中的档案数字资源。另外，由于市和区县档案移交单位的信息系统建设进度差异较大，平台将提供三种数据在线移交的实现方案：一是对于已经建成办公自动化系统且系统内已经包含完善的电子文件归档与管理功能的单位，平台将提供一个系统接口，

---

① 参见陶水龙、陈伟、田雷等《电子档案凭证性保障的现状分析与对策研究》，《档案学研究》2012 年第 2 期。

使其在移交电子文件的时候可以将本单位系统内的数据导入电子文件接收平台；二是对于已经建成办公自动化系统但系统内没有电子文件归档与管理功能的单位，平台向其提供虚拟档案室系统（虚拟档案室系统功能将在后面做单独说明），并提供虚拟档案室的系统接口与其办公自动化系统对接，确保办结的电子文件可以妥善保管并在线移交；三是对于没有任何系统的单位，平台向其提供虚拟档案室系统，可以将数字化后的档案数字资源在线移交。

（2）电子档案公共利用服务系统：建设全市统一的电子档案利用平台，实现市和区县档案馆馆藏档案数字资源的共享利用服务，提供一站式检索档案目录、查阅档案数字副本的功能，集成电子档案凭证校验技术采取数据安全传输机制。该平台分别部署在政务网和因特网中，部署在政务网中的平台面向档案移交单位提供点到点的政务档案信息查阅服务，需按照档案利用的有关规定，严格设计档案利用权限和利用审批流程；部署在因特网中的平台面向社会公众提供经审核的开放档案目录和原文的检索服务。按照电子档案原件封存的原则，公共利用服务平台提供查阅的档案原文均为电子档案副本，可供检索的电子档案副本和目录存储在核心云存储环境中的独立位置。

（3）档案数字资源综合管理系统：建设全市统一的电子档案管理平台，实现市和区县档案馆对馆藏档案数字资源整理、编目及抽检、备份、恢复、迁移等管理方面的功能，集成电子档案凭证校验技术，采取数据安全传输机制。理论上，该平台除实现上述主要功能外，还应包含档案数字资源全部的管理功能，包括但不限于数据挂接、数据扫描录入、数据备份介质存放位置查询、统计报表、权限管理等系统功能，以及对传统载体档案调还卷的登记、审批功能和对来馆利用者的登记和人员信息管理等功能。

（4）虚拟档案室管理系统：虚拟档案室是为市和区县级档案移交单位提供的附加服务，该系统主要可实现电子文件的归档、管理、利用和在线移交功能，相当于OA系统中的档案管理模块，用户面向未建设OA系统或OA系统中的档案管理功能欠缺的档案移交单位。该系统部署在政务网中，根据用户情况的不同可以提供个性化的服务方式，对于建有 OA 系统但缺少档案管理模块的单位，虚拟档案室可以提供一个系统接口，用于与该单位的 OA 系统对接，实现在 OA 中办结的电子文件的在线归档和管理功能；对于没有建设任何系统的单位，则提供扫描上传和挂接服务，使该单位可以将传统载体档案数字化后通过虚拟档案室进行管理和利用，并在线移交。虚拟档案室与电子档案接收平台通过专门的链路连接，可以实现电子档案的在线移交功能。虚拟档案室使用虚拟档案室存储环境存储数据。

（5）电子档案长期保存系统：用于专门管理在云仓储中心长期封存的档案信息包，包括对从档案的收集、管理、使用三个系统中采集或同步接收业务处置行为中的元数据进行封装，电子档案实体对象的格式迁移、有效性校验和安全性风险防范等与长期保存相关的各项业务工作的支持。

（6）运行维护管理系统：用于专门维护云环境中的各种软硬件基础设施和安全管理等，该系统的功能将分布于云平台的 IaaS、PaaS、SaaS 的各个层，以及各个网域的软硬件基础和档案数字资源的备份、恢复和安全防护等。

（7）信息交换系统：用于各个网域之间、各网络内部各项与独立运行的系统之间的信息交换，云环境的多租户系统在数据层是逻辑隔离的，各个系统在不同网域之间在数据层是物理隔离的，因此在考虑系统之间数据交换时需要设计专门的通道，以确保安全、可控和高效可操作。

（8）档案数字化加工系统：用于面向现有馆藏提供档案数字化加工，档案资源规范化处置、整合、转换、迁移等服务。

三　数字档案馆存储的云环境

在云平台上，数字档案馆可以通过部署的软件系统，完成不同性质机构的档案在线接收，云存储及档案资源长期保存，面向政务网、局域网及互联网提供用户服务。见图 4-4。

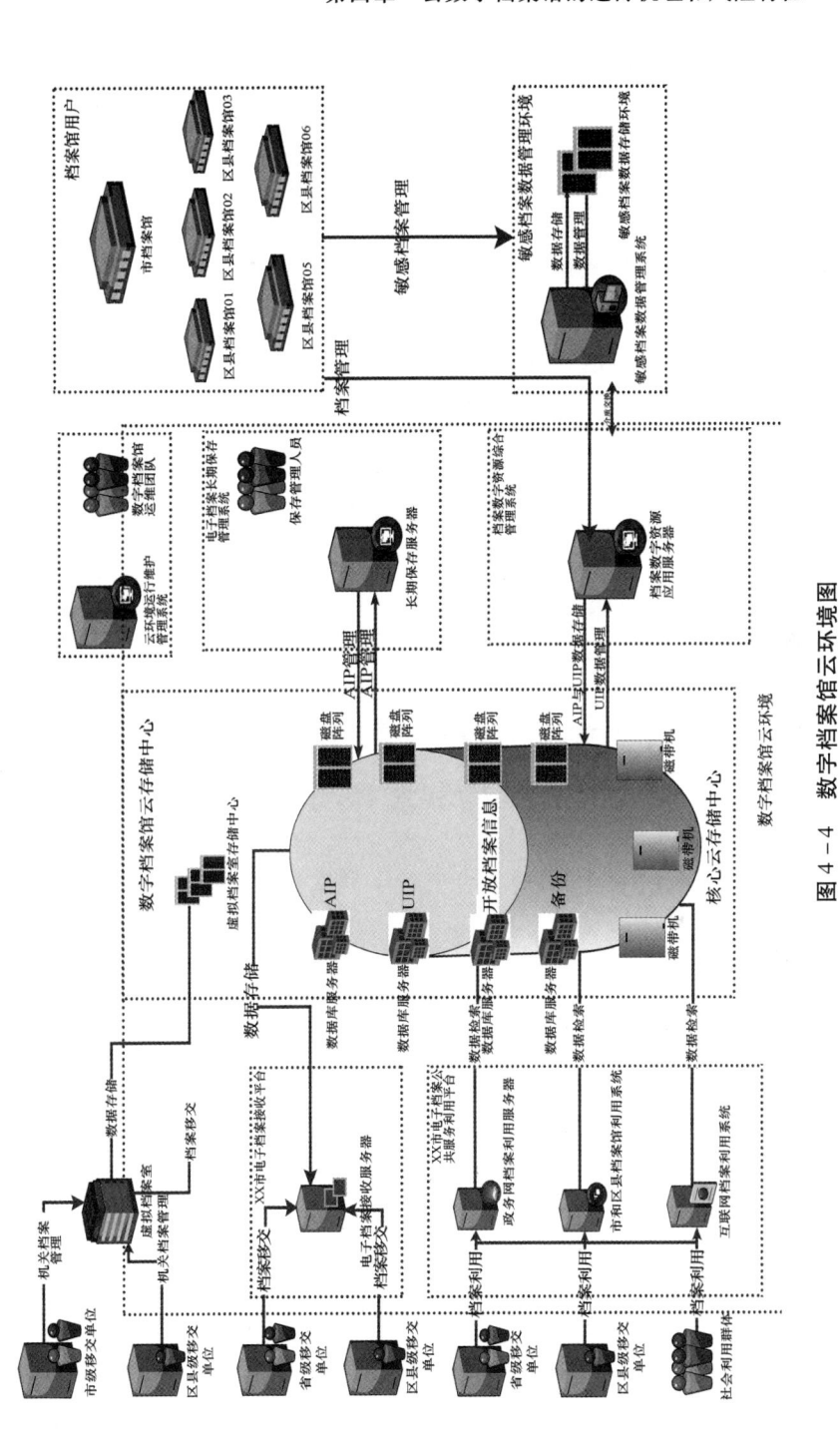

第四章 云数字档案馆的运行机理和风险特征

图 4-4 数字档案馆云环境图

云存储中心包含两部分，一是核心云存储环境，二是虚拟档案室存储环境。

（1）核心云存储环境：综合运用云存储技术，实现电子档案数据"集中存储、分权限管理"的目标，市和区县档案馆的档案数字资源、市和区县两级档案移交单位移交的电子档案数据均统一存储在核心云存储环境中，执行统一的数据安全传输、数据安全存储和数据备份策略。但是，数据的管理和利用权限分别按照档案数字资源的归属权划分，市和区县档案馆仅有权限管理本馆的数据。

（2）虚拟档案室存储环境：虚拟档案室存储环境与核心云存储环境隔离，单独用于虚拟档案室系统的数据存储，与核心云存储环境中的数据无重复，档案移交单位向档案馆移交电子档案后，移交的数据将经过专门的链路通过电子档案接收平台进入核心云存储环境，虚拟档案室存储环境中相应的数据保留一年后删除。

第二节　云数字档案馆的基础架构和服务功能

按照云计算的 IT 服务模式，云数字档案馆的服务功能将会跨越三个层级，软件即服务、平台即服务和基础设施即服务。在基于云计算建设数字档案馆时，用户既可以选择其中任意一个层级的服务模式，也可以组合使用任意两个或三个层级服务，这与数字档案馆建设承担方的人力、物力、财力和持续运维能力密切相关。

SaaS 层提供用于支撑档案业务活动的应用系统。如档案数据采集、整理、分类、编目、管理、编研、统计、存储、利用等，以及档案管理基础性技术服务，如封装、校验、凭证、监控、溯源等。

PaaS 层提供档案管理应用开发平台和运行环境支撑服务，如开发工具、数据库管理系统、中间件和运行服务平台等。

IaaS 层提供基础设施和虚拟资源供给服务，包括虚拟的服务器、计算资源及分布式集群管理的调度、控制与同步等。

第三节 云数字档案馆的生态系统分析

一 信息主体

云数字档案馆具有"档案安全保管基地、爱国主义教育基地、档案利用中心、政府信息查阅中心、电子文件中心"的职能。其信息主体包括档案形成者、档案管理者、档案利用者。档案形成者是云数字档案馆资源的提供者，即生产者，包括各级各类的立档单位、档案数字资源的捐赠者、网络档案资源的提供者、交互档案资源的其他数字档案馆等；档案管理者包括档案业务管理者和系统运行维护者（假设云数字档案馆已合理构建），前者承担起云数字档案馆 SaaS 或 PaaS 层面的档案资源业务管理，后者负责云数字档案馆不同层级的安全正常运行；档案利用者是云数字档案馆的用户，可以是任何利用档案内容信息的团体、组织和个人，也可以是对云数字档案馆发布信息进行大数据分析的研究者等。档案利用者的需求变化、档案生产者提供的资源类型和质量、档案管理者对资源的组织、长期保存和服务创新，决定了云数字档案馆的生存和良性发展。

二 信息内容

云数字档案馆中管理的信息内容是档案数字资源，即纳入其中的各类档案资源[①]，主要包括六点。（1）各级各类在线生成并归档的电子文件即电子档案（原生内容信息）。（2）各种载体的档案数字化后形成的所有档案数字副本（原生内容信息的副本）。（3）各种因保管、迁移、利用需求而形成的档案数字副本（原生内容信息的副本）。（4）其他数字档案馆交互共享的档案资源。（5）征集的网络档案资源。（6）数字形式的档案开发产品（基于内容的 N 次开发产

---

① 参见陶水龙《基于流程管理的电子档案安全策略的探讨》，《北京档案》2012 年第 1 期；赵雪芹《档案数字资源发现服务研究》，《档案学通讯》2013 年第 1 期；颜海《档案信息资源开发利用》，武汉大学出版社 2004 年版。

品）。

这些不同类型的档案资源是云数字档案馆的核心资产，其数量、质量（真实性、完整性、有效性、安全性）等决定了云数字档案馆的服务内容与水平，也决定了未来资源开发的深度和广度，是云数字档案馆中风险管理的关键。

三　信息环境

信息环境是指"相对一个具体的信息主体而言，时刻围绕并可能影响该主体的所有信息内容和信息媒介因素的总和"[①]。这个信息主体既可以是人，也可以是物。信息媒介包括信息技术、法规、标准、采集、加工、发布的手段和能力等。

云数字档案馆是基于云平台对档案数字资源进行收集、加工、长期保存并提供公共档案信息服务和共享利用的档案信息集成管理系统。其本体的信息环境包括档案数字资源、信息技术、信息法规、信息标准、信息文化、信息伦理、信息素养等。[②] 云数字档案馆的基础架构见图1-1。

SaaS层提供用于支撑档案业务活动的应用系统服务，如档案数据采集、整理、分类、编目、管理、编研、统计、存储、利用等，以及档案管理基础性技术服务，如封装、校验、凭证、监控、溯源等。主要用户为档案馆、档案室、档案存放的个人及其他机构。一套软件系统同时支持多个用户，通过参数应用、自定义空间、集成器等技术手段，用户可根据自己的实际需求，透明地定制个性化软件应用服务，应用管理员负责本层档案用户的定制服务、管理、统计、分析、安全、服务级别协议等事务。

PaaS层提供档案管理应用开发平台和运行环境支撑服务，如开发工具、数据库管理系统、中间件和运行服务平台等。包括档案管理软

---

① 《信息环境》，https://zhidao.baidu.com/question/28228337.html，2019年10月5日。
② 参见陶水龙《基于系统工程思想的档案信息生态系统研究》，《北京档案》2013年第2期。

件上线测试应用服务平台、开发运行和运维的基础服务平台、管理平台。可以以离线或在线方式为用户提供专属性使用权。其主要用户是档案软件系统开发人员、平台管理员、应用管理员。

IaaS层提供基础设施和虚拟资源供给服务,即将某一区域内档案行业的IT资源整合起来,采用虚拟化技术、分布式技术,提供"资源部署、负载管理、计算服务、数据管理、资源监控、认证/定价、计费管理"基础服务和虚拟资源池的基础设施服务。

安全管理中心通过组织管理、风险评估和控制、灾难备份贯穿于SaaS、PaaS、IaaS不同层面,确保云数字档案馆的安全。

云数字档案馆系统的用户既可以选择SaaS、PaaS、IaaS服务的任何单一层级的云服务平台,也可以选择三层全云服务的方式来开展档案管理业务。鉴于档案数字资源的特点和档案行业制度规范,通常由行业内机构负责建设或者直接监控管理云数字档案馆的基础设施并根据需要提供各层级的服务。

在信息技术(如云平台构建的基础设施、技术、应用系统、数据库、运维等)的支撑下,通过信息法规、信息标准、信息文化、信息伦理、信息素养来规范并控制云数字档案馆建设的架构和运行维护,控制着档案数字资源形成、加工和管理(收集、鉴别、组织、标引、分类、排列、存储、分发、访问、检索、传输、长期保存)、使用(监控、分析、预测、决策、发布、利用等)的全过程。这些信息环境要素相互依存、协同工作,进行着控制流、数据流、价值流的交换和循环,实现档案数字资源的增值,推动云数字档案馆良性发展。

四 生态圈

云数字档案馆的生态圈是指以云数字档案馆为主体的生态势力圈。表现为其在一定范围内,与相应的信息环境、相关方构成有机整体,最大限度发挥其服务功能。

云数字档案馆的生态圈可以分为核心层、相关层和外层,见图4-5。核心层是云数字档案馆的本体,由档案信息主体、信息环境

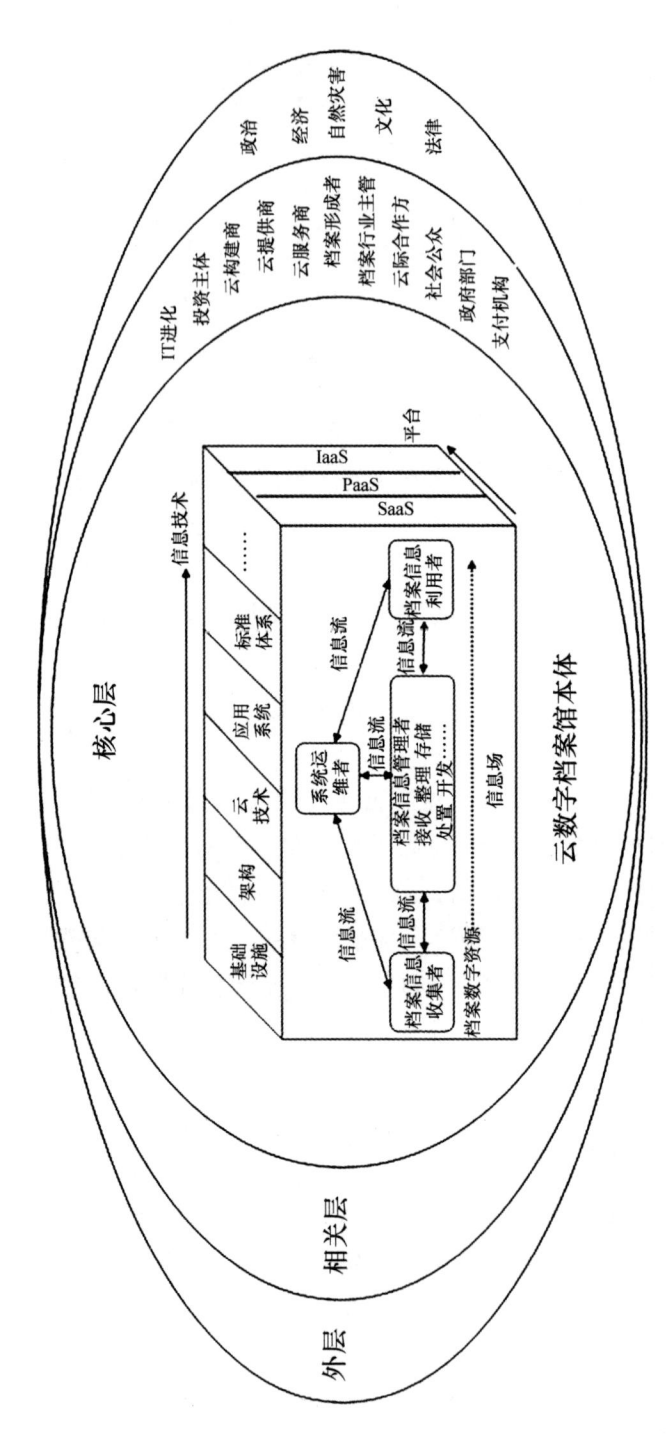

图 4-5 云数字档案馆生态圈图

等要素构成，在不同层级（SaaS/PaaS/IaaS）的云服务平台支撑下，完成档案数字资源的持续保存业务（分类、组织、存储、维护、保护、迁移、封装）、连续处置业务（移交、鉴定、处置、交换）和传播利用业务（编研、发布、检索、浏览）；信息环境包括基础设施、架构、应用系统、分布式文件系统和存储管理、组织管理、标准体系等。相关层主要包括投资主体、云构建商、云提供商、云服务商、档案形成者、档案行业主管、云际合作方、社会公众、政府部门及支付机构（多租户计量服务）等要素。外层主要指社会环境，包括政治、经济、文化、法律、自然灾害等要素。生态圈中不同层级的诸要素共同影响着云数字档案馆的生存和发展。

第四节 云数字档案馆的风险特殊性分析

对网络信息技术环境而言，安全风险来源于安全威胁或安全漏洞。安全威胁可分为自然的和物理的（火灾、水灾、风暴、地震和停电等）、无意的或不知情、故意的（攻击者、恐怖分子、工业间谍、政府、恶意代码）三大类。安全漏洞是资源容易遭受攻击的位置，可分为物理的（未锁门窗）、自然的（地震）、硬件和软件的（防病毒软件过期）、媒介的（电干扰）、通信的（未加密协议）、人为的（不可靠的技术支持）等。只有及时地识别漏洞和威胁并采取预防措施，安全才有保障。

一 SaaS 层的风险特殊性分析

SaaS 层的主要用户为档案馆、档案室、档案存放的个人及其他机构。一套软件系统同时支持多个租户，通过参数应用、自定义空间、集成器等技术手段，用户可根据自己的实际需求，透明地定制个性化软件应用服务，应用管理员负责本层档案用户的定制服务、管理、统计、分析、安全、服务级别协议等事务。如图 4-6 所示。来自云终端用户即档案管理人员的风险主要有非授权操作、恶意攻击、病毒等，对云数字档案馆形成威胁，影响档案数据的安全性。在 SaaS 层中，基于多租户架构和元数据开发模式的在线软件技术，安全风险存在五个方面。

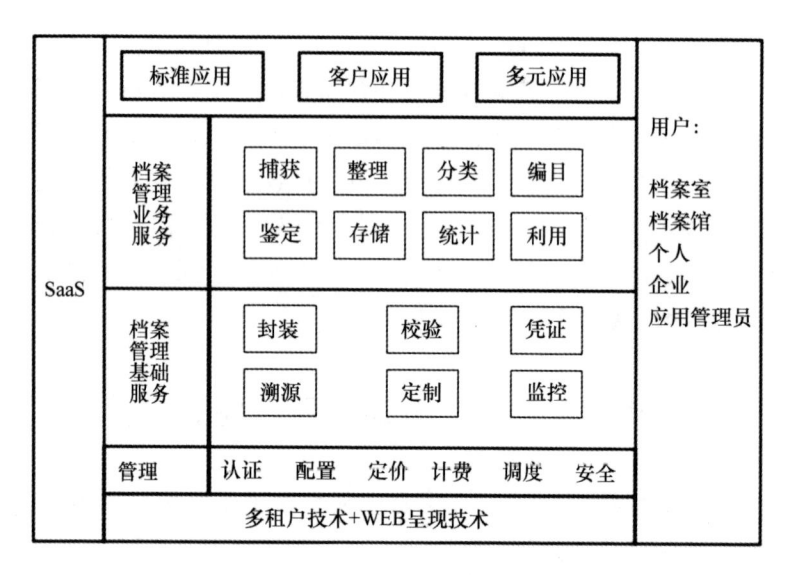

图 4-6 档案云"软件即服务"层结构图

第一，多用户隔离安全。虚拟机的主要目的是减少为达到隔离目的而产生的独占性资源。在多用户的典型应用环境下，采用虚拟化方法，不同档案馆、档案室等用户在使用时可以独享一台虚拟机，而一台物理机有无数的虚拟机，这种隔离是逻辑上的、透明的，非独占性特点会导致用户隔离出现漏洞，一个合法用户的数据可能被另一个合法用户非授权操作。

第二，身份认证和访问权限安全。对不同服务水平的档案用户、应用管理员的身份认证和访问控制出现漏洞，或技术或管理原因导致非授权登录、发送、修改和盗用档案信息。

第三，档案用户权限树安全。用户权限树的设计和维护机制出现漏洞，用户权限在各 SaaS 应用程序中失去继承性，导致安全隐患。

第四，网络和应用系统安全。云数字档案馆的网络和应用软件系统遭受恶意攻击，无法正常运行。

第五，人员安全意识。来自应用系统管理员和用户的安全风险可能是无意的或有意的人为风险。

二 PaaS 层的风险特殊性分析

云数字档案馆 PaaS 层提供档案管理应用软件及中间件开发、运行、测试、部署的完整支撑软件环境，包括档案管理软件上线测试应用服务平台、开发运行和运维的基础服务平台、管理平台。可以以离线或在线方式给用户专属使用权。

PaaS 层的主要用户是档案软件系统开发者、平台管理员、应用管理员。如图 4-7 所示。

平台管理员侧重对档案云平台中主要的软件资源进行监控和管理；应用管理员侧重对应用的 SLA 进行管理，因此来自云终端的风险主要是恶意攻击、病毒、非授权操作。

对于云数字档案馆的"平台即服务"层，安全风险存在六个方面。第一，分布式文件系统安全。分布式文件系统可以把云数字档案馆中的文件资源以统一的视点呈现给用户，但其中服务器组件失效、海量数据存储和快速读取响应，多档案用户同时访问文件系统引起的并发控制和访问效率、档案数据私有性和冲突时的数据恢复等都是潜在风险。

第二，分布式数据库安全。档案数字资源中结构化数据采用分布式数据库进行管理。档案海量数据的存储和快速检索、多用户并发、数据操作的同步性，服务器动态扩展性等是潜在风险。

第三，身份认证和访问安全。档案软件开发人员、平台管理员、应用管理员身份认证和访问权限控制出现漏洞，会引起安全隐患。

第四，应用间安全隔离和用户间安全隔离出现漏洞，将是重大的安全隐患。

第五，网络安全。网络和开发运行环境遭受攻击，无法正常运行。

第六，安全人员。档案管理软件开发者、平台管理员和应用管理员是造成有意或无意的人为风险。

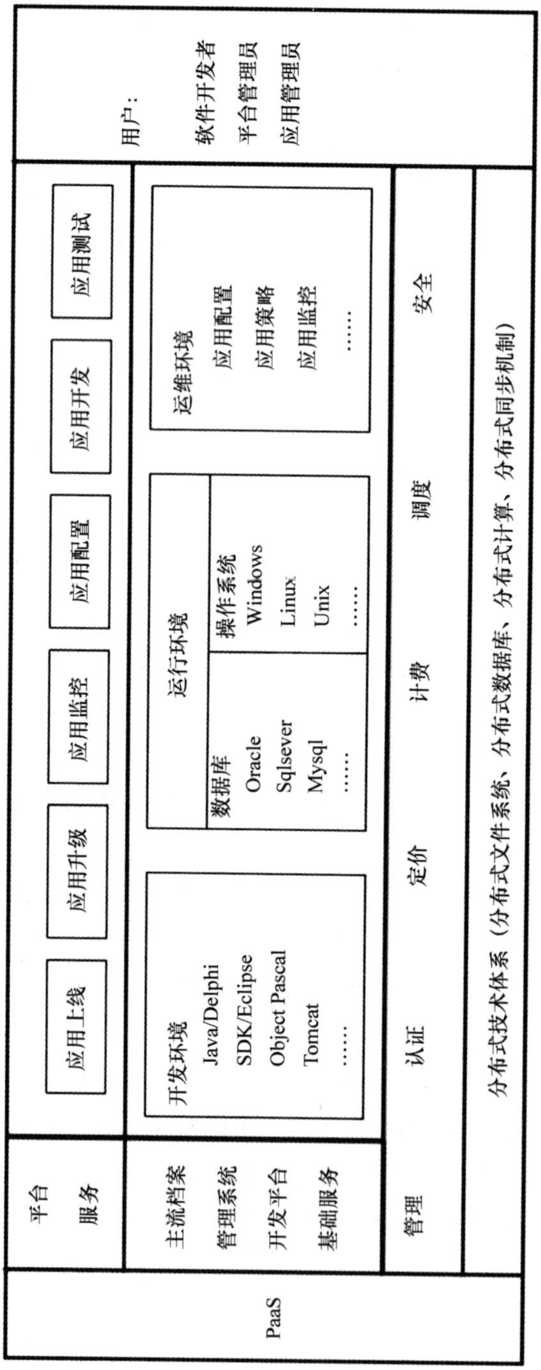

图 4-7 档案云"平台即服务"层结构图

第四章 云数字档案馆的运行机理和风险特征

三 IaaS 层的风险特殊性分析

IaaS 是把计算、存储、网络及搭建应用环境所需的一些工具当成服务提供给用户,即将某一区域内档案行业的 IT 资源整合起来,采用虚拟化技术、分布式技术,提供"资源部署、负载管理、计算服务、数据管理、资源监控、认证/定价、计费管理"基础服务和虚拟资源池的基础设施服务。如图 4-8 所示。

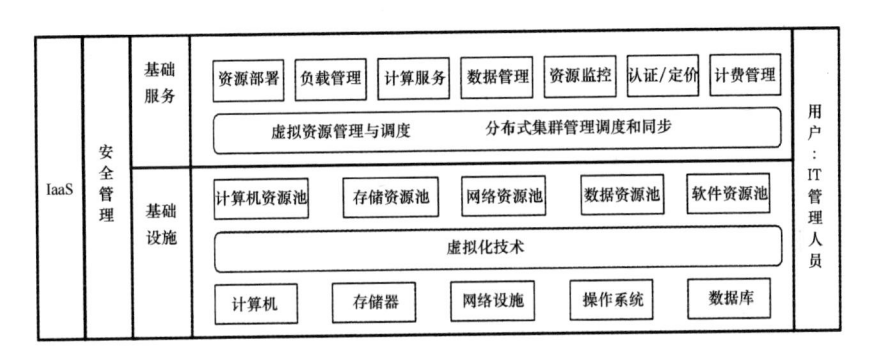

IaaS	安全管理	基础服务	资源部署	负载管理	计算服务	数据管理	资源监控	认证/定价	计费管理	用户：IT管理人员
			虚拟资源管理与调度			分布式集群管理调度和同步				
		基础设施	计算机资源池	存储资源池	网络资源池	数据资源池	软件资源池			
			虚拟化技术							
			计算机	存储器	网络设施	操作系统	数据库			

图 4-8 档案云"基础设施即服务"层结构图

该层的主要用户是硬件设施租用客户和 IT 管理人员。由于该层是在物理机上运行无数虚拟机,提供给用户计算机、存储、网络资源等服务,故而安全隐患涉及物理机、虚拟机、管理等方面。

对于 IaaS 层而言,影响安全的因素有物理设施(建筑、门镜系统、电磁、防火、防灾等),计算机病毒和权限控制,网络攻击,虚拟化技术下的资源分配、负载均衡、数据迁移、备份与恢复,虚拟机中用户隔离、数据位置、数据残留、数据多副本容错、灾难恢复,IT 管理人员安全意识和安全管理制度,数据库安全,操作系统安全,安全审计等。

由此可以看出档案云安全可分为数据安全、应用安全、网络安全、物理安全、虚拟化安全和安全管理六大部分。每个层次在运营服务的过程中都会遇到不同的安全威胁,潜藏着不可预测或难以预测的风险,安全管理将跨越云数字档案馆从机房环境、硬件设施到网络虚拟化服务的各个层面。

第五章　云数字档案馆安全运行的风险评估指标体系

第一节　组织保障风险

组织保障风险指云数字档案馆管理的责任主体，在基本设施配备、组织管理形式、体制规范建设、文化氛围营造、第三方服务供应商服务质量管控方面所面临的风险。

从研究的理想模型看，综合类云数字档案馆的投资主体为国家授权，具有公信力的档案主管机构或区域性中心档案馆，能确保本区域云数字档案馆运行维护的人、财、物等资源。该投资主体也是云数字档案馆运行管理的责任主体，和档案数字资源的服务提供者（政府投资+政府管理），可以根据用户需要，提供 IaaS、PaaS、SaaS 不同层级的服务。因此，构建完善的组织保障体系，识别风险因素，对于云数字档案馆的风险管理和安全运行具有重要意义。

一　运行环境

运行环境是指维持云数字档案馆正常运行必须具备的软硬件条件（基础设施和支撑软件平台的完备性），开展档案信息资源管理的氛围，以及对云平台建设的第三方服务供应商的管理，确保在正常运维情况下，运行环境的到位。

（一）第三方服务供应商管理

第三方服务供应商指参与云数字档案馆建设的云应用开发者、云设备提供者、云平台集成者等，这些第三方对其产品质量的保证是云数字档案馆存亡的关键。因此，云数字档案馆的管理者要深入考察第三方的资质、服务水平，团队技术能力，按照合同协议，对其进行跟踪管理。风险分析和观测点见表 5-1。

表 5-1　第三方服务供应商管理的风险分析和观测点列表

序号	风险要素	观测点
1	是否具有服务的资质	国家相关部门登记注册、具有营业证照、年检记录，信用良好
2	是否具备专业的服务能力	品牌资质、业务能力、营运能力、服务质量、用户评价、信誉、人员配备、人员培训等评估
3	是否具有行业的服务标准	组织规划、云设施合格供应商考察、云设备采购集成、合同、SLA 协议
4	是否遵循国家法律、法规	依据云设施、云集成、云服务的相关法律法规提供服务

（二）档案信息化管理的文化氛围培育

对档案管理现代化的认知和认同，是启动云数字档案馆工作的软环境。其与整体文化制度建设密切相关，落实在工作人员的意识、思想、理念、行为和习惯中。因此，机构需要通过各种资源、环境、手段和方法营造档案信息管理的文化氛围，自上而下确立战略目标、工作规划、理念宣传和行动引导，以及对活动的业务能力、技术能力和信息服务能力的技能培训。档案信息化的文化氛围培育见表 5-2。

表 5-2　档案信息化的文化氛围培育的风险分析和观测点列表

序号	风险要素	观测点
1	机构是否有文化建设的规划、部署	1. 正式发布的文化建设规划文件 2. 文化建设的工作部署和绩效考核
2	档案数字资源管理的理论、思想、方法是否纳入组织文化建设范畴	1. 正式发布的文化建设规划文件 2. 对领导成员和员工就文化建设的访谈

续表

序号	风险要素	观测点
3	组织是否建立了档案数字资源管理的文化体制，赋予各部门行使引导、管理、规范和培育的职责	1. 不同层级岗位职责文件 2. 执行情况实地访谈
4	组织是否有计划、有意识、有场所宣贯，使全员了解国家战略、档案数字资源的价值属性，管理方法，具备科学、规范、高质量管理的意识和习惯，树立全员参与管理的意识	1. 宣传类文件、展板、场所布置 2. 年终绩效考核中继续教育记录的认定文件 3. 活动展开的记录和照片（讲座、培训） 4. 实地员工访谈宣贯的成果 5. 宣贯活动统计、总结、反馈、持续改进的文件

（三）基础设施资源和软件支撑平台的完备性

基础设施资源是支撑云数字档案馆运营的软硬件基础设施和公共资源，是决定机构档案信息资源服务能力发挥的内部环境因素。主要包括软硬件基础设施和软件系统支撑环境、平台工具和应用系统、档案信息资源、智力资源和保障系统持续建设和有效运行的财力资源等。风险分析和观测点见表5-3。

表5-3 基础设施资源和软件支撑平台完备性的风险分析和观测点列表

序号	风险要素	观测点
1	云数字档案馆所能使用和支配的硬件基础设施和系统支撑环境是否具备	1. IaaS层：基础设施、主机设备、网络设备、虚拟主机等 2. PaaS层：操作系统、数据库、中间件、API接口、开发环境/工具、安全软件等 3. 机房：不间断电源、空调、门禁、防尘和消防设施、位置等
2	云数字档案馆应用系统环境是否具备	SaaS层： 1. 档案管理信息系统：完成档案数字资源管理的服务平台，用于集成各类通用和专用的工具、服务和组件的集成系统环境 2. 档案信息产品开发平台：用于面向用户捕获信息消费需求和分析用户行为习惯，面向电子文件信息内容进行数据挖掘和关联分析的开发工具 3. 档案数字资源长期保存系统 4. 档案信息服务系统：面向信息服务用户，发布档案信息和展现开发产品的应用系统

续表

序号	风险要素	观测点
3	云数字档案馆运行的各项资金来源和持续投入是否可以保证	1. 基础设施资源的滚动建设和持续维护所需的费用 2. 系统完善、升级、改造和更新换代的经费投入 3. 人员继续教育和培训所需的费用和投入 4. 运行过程中所需的其他投入和资金

二 组织管理体系

组织管理体系建设是关系云数字档案馆运营管理的全局性基础工作，始终围绕责任主体的战略和核心业务而处于动态的变化之中，是一个较为复杂的有机系统，也是最高领导者实现云数字档案馆工作目标，确保核心竞争能力，在领导体制、战略定位、部门和岗位设置、管理标准化、队伍建设等方面，实现组织、协调和资源调度的保障。

（一）领导体制

领导体制是指组织机构设置、领导隶属关系及其管理的责权划分等方面的总称，是机构建立在云数字档案馆的战略目标、指导思想、基本理念的领导责任和权力结构，也是机构内部各部门之间建立关系、发生作用的桥梁与纽带，对于机构档案信息化管理的文化形成和管理业务开展具有重要的促进作用。风险分析和观测点见表5-4。

表5-4　　　　领导体制的风险分析和观测点列表

序号	风险要素	观测点
1	是否明确云数字档案馆的最高管理者，全面负责其构建和运行	1. 岗位责任制文件 2. 绩效考核文件 3. 领导访谈
2	是否形成覆盖高层、中层和执行层的纵向领导体制，明确不同层级领导的责任和义务	1. 岗位责任制文件 2. 绩效考核文件 3. 领导访谈
3	是否明确云数字档案馆的责任主体	1. 建设主体 2. 业务主体 3. 管理主体 4. 运维主体

(二) 战略规划

战略规划是指领导从战略层面制定组织的长期目标并将其付诸实施。有效的战略规划具有目标明确、可执行性良好、组织人事落实、灵活性好等特点；内容包括目标和定位、约束和政策、计划与指标等。风险分析和观测点见表5-5。

表5-5　　　　　战略规划的风险分析和观测点列表

序号	风险要素	观测点
1	档案信息化管理的方向和目标是否明确	1. 基于国家有关档案信息化战略规划、法律法规、方针政策和标准规范，云数字档案馆的管理主体从战略定位出发，形成了云数字档案馆建设、运行、发展的战略目标、愿景和发展规划，以文件形式为职能活动提供支持 2. 战略覆盖宏观、中观、微观层面 3. 战略得到最高决策层批准、公布与实施
2	约束和政策是否平衡	1. 现有政策与用户信息需求变化、档案资源向公众开放，档案价值最大化等之间的平衡；用户体验多样性、新技术、新方法对云数字档案馆建设和服务模式带来的变革 2. 满足其他司法、审计与法规遵从的要求
3	战略规划的操作性、灵活性是否可行	1. 不同战略层面的规划是否得到稳定的、连续的执行，体现了组织的领导力和执行力 2. 战略规划是否在实施中，通过管理评审得到及时调整 3. 现场访谈部门领导和员工
4	目标和计划是否匹配	是否形成了最高层、中层和基层的工作目标、实施方案和行动计划，包括但不限于： 1. 长期、中期、短期规划的目标 2. 分步实现工作规划的策略方法和程序步骤等 3. 阶段性相关部门和岗位的行动计划和工作指南 4. 人才落实合理性 5. 资金到位及时性 6. 实施控制和效果评定

(三) 管理制度建设

管理制度规范是以指南、制度、标准、程序文件、方法等形式明

第五章 云数字档案馆安全运行的风险评估指标体系

确机构的工作管理原则,用以支撑机构档案信息化工作有序、有效、合规地开展,考察机构领导力和执行力,规范员工行为的文件集群。其风险分析和观测点见表5-6。

表5-6 管理制度规范建设的风险分析和观测点列表

序号	风险要素	观测点
1	是否建立了机构管理性制度,用于指导云数字档案馆的管理工作	1. 制度文本库中的文件具有完整性、层次性、一致性和现行有效性,可包括以下几个层级的文件: (1) 国家和行业发布的有关法律、法规、规章、标准规范等 (2) 机构内部制定和使用的相关制度文件,包括指南、管理手册、程序文件、记录文件、操作规程等 (3) 自愿执行的工作原则、道德准则、服务公约 (4) 社会对机构行为的期望等 2. 具有制度系统性文本,各部门、各岗位查阅使用和贯彻实施
2	制度编制是否规范	1. 结构规范:应有明确的编制目的、科学的编制依据、清晰的适用范围、准确的生效时间、合理的内容构成(包括规范性的标准、实施程序或流程、控制、考核、奖惩与其他管理制度的关系)等 2. 内容科学:编制的内容应符合国家法律、法规,ERM科学原理和ERM行为涉及的每一个事物的发展规律或规则 3. 层次分明:根据工作的重要性和涉及的范围区分管理制度、管理规定、管理办法、实施细则、工作条例
3	制度的管理是否规范	对相关制度与使用的过程进行管理和控制,确保制度文件的有效性,对旧的版本进行回收、销毁等处理
4	是否对全员实施了管理制度的宣贯	1. 相关制度宣贯、实施和落实的工作计划和督察。范围应覆盖机构高层领导、机构全体相关人员,过程记录应留存 2. 制度是否嵌入系统中自动执行,减少人为因素,增强制度的自动执行程度 3. 制度实施的效果进行检查、评估,并应根据国家、行业和机构信息化环境设施的变化进行适用性的调整和更新,过程记录应保留 4. 宣贯手段多样性和实施力度

(四）岗位设置

云数字档案馆的运行，需要依据机构的战略规划和定位，设定牵头部门、行政管理部门、档案信息资源业务管理部门、信息服务部门、IT技术支撑部门等。再按照工序相近的原则，设置不同的岗位，确立其职责、权利和义务、奖惩规范明确，确保工作组织有序和高效完成。风险分析和观测点见表5-7。

表5-7　　　　　岗位设置的风险和观测点列表

序号	风险要素	观测点
1	是否按照战略规划和工作目标，设置组织机构和岗位制	1. 有明确的档案信息化领导小组，以及工作职责和任务要求 2. 设置了相关管理部门、业务部门、技术部门 3. 设置了不同部门下的岗位责任制，明确其职责、义务和权利，考核标准，尤其是关键岗位
2	关键业务岗位的设置是否能够满足云数字档案馆的行政管理、资源管理、IT支撑服务、监督等工作	1. 档案信息化领导小组可以从机构战略层面部署战略目标、总体规划；推进任务分解，落实到责任主体部门和相关协同部门；指导工作规划和实施方案；审定工作规划、年度计划，并对贯彻执行情况进行监督检查 2. 组织保障关键岗位，包括发展规划岗、制度建设岗、行政管理岗、运行管控岗，其他相关岗位 3. 档案业务管理关键岗，包括文件控制岗、前端业务规范管理岗、归档管理岗、数字档案资源长期保存岗、审计跟踪岗以及相关岗位等 4. 信息服务关键岗位，包括服务规程制定岗、用户关系管理岗、档案信息资源编目处理岗、档案信息资源开发岗、档案信息资源发布岗、档案信息资源利用岗、档案信息资源咨询服务岗 5. 技术实现关键岗位，包括IT架构岗、系统建设岗、运行维护岗等 6. 其他辅助岗位

（五）人才队伍建设

在这个传统与数字交替变化的时代，档案人面临着管理对象、管理方法、管理制度、管理标准、服务模式的巨大变化，急需建立具有管理学、档案学、信息学、信息服务等交叉学科的知识体系，具备实操的技能，才能保证云数字档案馆安全运营。因此，机构需要按照第五章第一节二（四）的岗位设置，配备足够数量的、综合素质高的、技术和管理能力强的人员，明确各类人员在档案信息资源管理业务活动中的能力要求。随着 IT 技术的发展，每年还需要加大培训力度，使他们胜任所在岗位的工作，成为合格的知识管理者。风险分析和观测点见表 5-8。

表 5-8　　　　　　　　人才队伍建设的风险和观测点列表

序号	风险要素	观测点
1	是否明确各类岗位的上岗资质和能力要求，必要的知识结构和所需的业务素质和技术技能	1. 学历、职称 2. 专业技能 3. 受培训经历 4. 工作经历等要求
2	人力资源部门是否有计划、有组织地建设和壮大人才队伍	1. 引进档案信息化高端人才 2. 对不同岗位的在岗人员、新入职人员，有计划地从人员的年龄结构、学历结构、专业结构等方面，培育人才队伍，形成人才梯队
3	是否制定和实施人员管理制度	1. 建立不同岗位继续教育和培训机制、绩效考核机制，从通用能力到专业技能，促进在职人员能力的提升 2. 关键岗位人员持证上岗，接受专业知识教育、专门培训和技能实践，并取得从业资格 3. 建立个人技术档案，对从业人员进行有效管理。内容包括年度考核表；相关学历、任职资格、专业能力和技能证书的复印件；各种培训考核记录；各类奖惩记录等

三　运行管控

运行管控是指云数字档案馆的管理者为保证档案信息管理协调一致、有序运作，实现其战略目标而开展的过程管理与行动控制。其目的是确保机构战略目标的实现和持续发展。

（一）人员管控

人员管控是运行管控中重要的一环，人在履职的过程中，严格遵循机构的管理制度，按照岗位需求完成工作任务，参与技能培训和工作绩效管理，可以避免来自人工作疏忽的风险，提高工作的有效性。人员管控的风险和观测点见表5-9。

表5-9　　　　　　　　人员管控的风险和观测点列表

序号	风险要素	观测点
1	是否各关键岗位实际配备了称职的人才；满足条件的人员是否履行了相应的职责和权利，能否保障其业务活动的顺利执行	1. 按照第五章第一节二（四）岗位设置配备岗位工作人员 2. 岗位人员满足专业技能要求 3. 岗位人员行使职责权限有效 4. 岗位人员管理制度实施有效 5. 没有出现岗位人员能力缺陷而发生重大问题
2	是否建立并实施各个岗位的业务跟踪与问责制度、质量检查和绩效考核制	1. 高层的领导问责制度 2. 各岗位人员的业务问责制度 3. 管理评审中涉及在岗人员责任问题的统计分析，改进记录 4. 绩效考核、奖惩记录性文件 5. 业务质量检查计划、考核方法和改进提升措施

（二）过程管控

过程控制的理念最早来自质量管理体系要求——工作质量是通过每一个合格的工作过程来保证的。在云数字档案馆的运行中，需要对关键岗位人员的重要工作过程进行跟踪、审查、控制和发挥，确保重要关键节点满足工作要求。过程管控的风险和观测点见表5-10。

表5-10　　　　　　　　过程管控的风险和观测点列表

序号	风险要素	观测点
1	是否建立并实施了运行管理与监督控制体系	1. 战略规划、目标定位是否符合组织的发展 2. 组织结构、岗位设置、职责和权限 3. 运行管理与监督控制工作部署、方案实施、审计、年度总结 4. 定期检查和不定期抽查开展工作，履职汇报，绩效考评 5. 管理评审，反馈和持续改进的文件记录

第五章　云数字档案馆安全运行的风险评估指标体系

续表

序号	风险要素	观测点
2	基本保障条件的审查和监管是否到位	1. 基础设施设备维护、运转情况 2. 经费保障是否到位 3. 人员是否按照岗位需求人数配备到位
3	档案业务管理的审查和监管是否到位	1. 档案数字资源全程管理中相关制度、标准的执行、落实情况是否考核和监督，完成了实效性监管 2. 云数字档案馆业务系统运转情况监管。包括但不限于： （1）电子档案真实、完整、可读性检测和审核 （2）制度标准嵌入系统执行情况 （3）容灾备份工作 （4）访问控制，权限设置 （5）登录相关管理信息，包括处理过程中各类责任者、操作者，责任凭证信息，电子文凭传递、交接过程中的其他标识；元数据完整 （6）跟踪功能，包括对文件的跟踪、对行为的跟踪、审计跟踪等
4	信息服务的审查和监管是否到位	1. 信息服务是否符合电子文件信息服务的安全与保密规范 2. 信息服务是否符合电子文件信息公开与公布的实施细则 3. 信息开发是否遵循了国家、行业和机构的电子文件信息开发利用政策及原则、方法和要求 4. 信息服务是否遵守了用户信息使用的权利与规定 5. 对用户基本信息和用户访问文件的权限进行管理和追踪 6. 用户服务信息库，以获取用户反馈信息、用户行为跟踪、用户访问日志等，以此制订用户信息服务计划与方案
5	技术实现的审查和监管是否到位	1. 系统是否建立在持续可扩展的开放IT架构体系中，是否符合IT主流趋势和国家、行业对系统建设结构的相关制度规范和标准要求 2. 系统的运行环境是否可靠、安全，有较强的风险应对能力 3. 系统功能是否覆盖和满足各项业务工作的要求 4. 系统的性能是否能够满足ERMO及其用户的使用要求 5. 系统的仓储能力是否能够满足电子文件持续增长的存储要求 6. 系统运行维护的规范性、安全保障措施和应急响应能力 7. 系统风险控制和安全保障能力

(三) 需求变化管控

需求变化管控主要指对来自外部用户信息利用需求的变化、档案云平台租赁者的需求变化及 T 进化，对云数字档案馆持续发展引起的外部风险。通过跟踪技术发展，监控用户需求，可以将风险降到最低。需求变化管控的风险和观测点见表 5-11。

表 5-11　　需求变化管控的风险和观测点列表

序号	风险要素	观测点
1	国家法律法规是否发生变化	1. 行业要求发生变化 2. 标准更新 3. 安全
2	用户信息消费需求是否发生变化	1. 云数字档案馆检索关键词分析 2. 不同职业、性别、年龄的档案信息利用者的利用目的、动机统计，需求、偏好、不满意度分析。包括但不限： （1）个性化、一站式服务 （2）语义分析、知识服务 （3）文字、声音、视频、VR 多形式再现 3. 云数字档案馆的馆藏资源、类型、开发产品、呈现形式的供给分析 4. 利用与开放鉴定的法律遵循
3	新技术是否出现，推动云数字档案馆建设架构改变	1. 应用架构 2. 数据架构 3. 技术架构 4. 运维治理架构
4	云平台租赁者需求是否发生改变	1. 法律遵循 2. 数据隐私、数据安全、数据迁移、退出机制、响应速度 3. SLA 协议完善

(四) 治理改进

治理改进是运行管控的关键。通过对人、对事、对过程的控制，

第五章　云数字档案馆安全运行的风险评估指标体系

发现问题，提出改进措施并监督推进，可以确保数字档案馆的运行安全。治理改进的风险和观测点见表5-12。

表5-12　　　　　　治理改进的风险和观测点列表

序号	风险要素	观测点
1	是否结合国家和行业的政策、制度和规范推进评估检查和治理改进工作的开展	1. 监督、反馈、过程控制、绩效考核在最高层、中层和基层按规划落实 2. 外部评估。借助外部力量，接受来自国家、行业主管部门的定期检查和评级考核。对机构ERM文化、定位、组织与制度建设、法规遵从性、业务有效性等方面进行检查、评估或评定等级，至少3年1次 3. 管理评审。从资源使用的合理性、管理运行的有效性、业务工作的规范性和ERM对其他业务部门的贡献度等方面进行评审，至少1年1次 4. 内部评审。内部成立评审工作组，对各职能部门和岗位工作的规范性、记录的完整性和业务的有效性等进行审查，至少1年1次 5. 部门自查。由各职能部门内部对部门级业务的执行情况进行自查、自评
2	是否加强评估检查和管理治理的工作有效性，促进机构能力和水平的不断提升	1. 发现风险隐患及存在问题，建立云数字档案馆运行缺陷库和重点防范域 2. 制订整改方案和改进措施，形成预防、纠正和持续改进的良性提升机制 3. 编制评审/自查报告和过程记录，进行对比、统计和分析，为决策提供辅助信息

第二节　档案业务管理风险

档案业务管理风险是指云数字档案馆部署的"六大系统"，分别实现档案业务不同需求管理所面临的风险。这是云数字档案馆的核心任务，起到档案数字资源有序管理，长期保存社会记忆，提供利用，展示历史，传承档案文化及宣传教育的作用，为档案利用和宣传、挖掘知识、直观展示档案数字媒体、传承档案文化提供了更大的空间。

一 档案数字资源建设

档案工作者重要的工作之一是保存证据,即保存那些没有受到政治偏见或思想偏见玷污的证据,目的是让后代子孙在这种证据的基础上对人对事做出判断,他们是能够证实真理的证据的捍卫者。[①] 一个地区、一个国家的社会记忆和文化,通过留存的档案得以再现,因此,从新时代、新技术、新媒体形成的档案特点出发,积极做好云数字档案馆的资源规划,在确保真实、完整、有效、可靠的基础上,全面、完整地管理好档案数字资源,是档案工作者的重要使命。

云数字档案馆的资源来源,从形成主体看,可以包括以下几个方面:(1)隶属云数字档案馆建设主体的各级各类立档单位、直属管理机构;(2)隶属其他责任主体的数字档案馆、数字档案室;(3)承包方:合同环境下的供方,即以合同方式承担档案资源数字化工作,并提供数字化成果的第三方机构;(4)档案数字资源的捐赠者;(5)网络档案资源的提供者;(6)交换档案资源的其他数字档案馆;(7)存放档案数字资源的租赁者。

(一)资源规划

从云数字档案馆"五位一体"的战略定位看,档案资源的主要来源是国家政权机构职能活动中形成的历史记录,包括文本、声音、视频、3D 数据、程序文件,以及民生类数字档案等。该资源规划的目的在于通过分析档案数字资源来源的各机构,归档的数字档案数量、变化趋势、存在形态和再利用需求,确定需要处理的电子档案类型、数量、密级及其保管要求,依据机构管理电子文件的基础设施和网络环境,明确数字档案资源管理的仓储环境、层次结构、访问特征及存储方式等,以便制订数字档案资源的建设计划、保存计划和维护计划。资源规划的风险和观测点见表 5-13。

---

① 参见[美]T. R. 谢伦伯格《现代档案——原则与技术》,黄坤坊等译,档案出版社 1983 年版。

第五章　云数字档案馆安全运行的风险评估指标体系

表 5-13　　　　　　　　　资源规划的风险和观测点列表

序号	风险要素	观测点
1	是否以完整保存社会记忆、传承档案文化为指导思想，制订了云数字档案馆的馆藏资源发展规划	1. 馆藏档案数字资源的发展纲要 2. 馆藏档案数字资源管理的责任主体 3. 馆藏档案数字资源来源的全面性、完整性、时代记忆的吻合性 4. 档案数字资源的类型、元数据集 5. 档案数字资源的鉴定销毁 6. 档案数字资源的长期保存 7. 档案数字资源的质量保证 8. 档案数字资源的合作发展、馆际互借与资源共享 9. 机读文档 10. 捐赠事项 11. 档案数字资源建设人才的教育与培训 12. 预算分配 13. 特殊经费 14. 评估及其他
2	是否有档案数字资源长期保存计划的内容	1. 明确档案数字资源仓储结构划分的原则、方法和要求，参见第五章第四节二（二）云存储中心 2. 制定面向不同保管期限管理要求的档案数字资源鉴定、处置的策略、计划和方法 3. 制定面向不同类型和不同技术格式的数字档案格式转换、数据迁移/系统迁移的计划、策略和方法 4. 制定对持续保存的档案数字资源信息的"四性"检测计划和方法 5. 制定面向档案数字资源保存环境的安全性检测计划、策略和方法，包括保存档案数字资源的物理环境、硬件设施、存储介质、应用系统和保存格式等 6. 制定面向档案数字资源持续保存计划的风险防范与控制计划、风险规避和应对策略等 ①数字档案种类和数量快速增长对人、财、物、技术和系统等保障资源的要求 ②数字档案的存储格式变化、管理要求提升、技术系统更新换代等带来的风险 ③数字档案依存的网络环境和访问用户的复杂度增大等带来的信息安全威胁 ④社会对数字档案利用需求（如内容、类型、再现形式）变化带来的风险
3	是否制定确保档案数字资源的质量检测标准，从数量和质量两大方面进行控制	1. 数量标准，检验各门类、各种类应保存的数字是否齐全、完整，确保应保存和归档的文件没有遗漏 2. 质量标准，每一份电子文件是否符合管理的要求和规范，包括电子文件构成要素的齐全性和有效性、文件元数据信息的完整性和正确性、电子文件技术格式和呈现形式的规范性、电子文件的保管期限的准确性等，详细内容见第五章第二节一（三）"质量控制"

续表

序号	风险要素	观测点
4	是否基于用户需求、时代发展需要，从源头丰富档案资源建设	1. 对现有档案本体资源的数量、结构、比例，开放或受控情况及存在问题分析 2. 移交单位的归档范围调整 3. 面向社会征集 4. 馆际交换档案资源 5. 档案捐赠 6. 反映重大历史事件的网络资源归档

（二）档案资源组织与开发

档案资源组织与开发是指按照档案有机体理论、全宗理论、生命周期理论，基于数字档案的特征、属性、关联关系和保存要求等对数字档案进行组织管理、物理或逻辑的划分，确定其聚合模型和存储结构，同时对其内容进行摘录、汇编、挖掘、分析和整合，通过深度加工，进而提供不同的内容形式，满足不同用户需求的档案信息产品。开发的目的在于面向社会文化传承和知识服务，发现档案资源的价值，建设专题数据库、特色数据库、信息服务产品数据库和知识库，推动档案资源利用，传承档案文化。其风险和观测点见表5-14。

表5-14　档案资源组织与开发的风险和观测点列表

序号	风险要素	观测点
1	档案本体资源组织与建设是否满足系统性要求	1. 按照档案管理理论，行业规范要求，明确分类体系，对不同类型的档案信息进行有序组织 2. 保持相互关联的或同一主题的业务处理过程中形成的数字档案之间的背景关系及其与实体之间的相互检索与对应关系。如通过全宗、类目、卷夹、文件聚合体、保存顺序和元数据项等，实现数字档案背景信息和实体之间的对应关系 3. 同一份电子档案的背景、结构、内容元数据关联正确和完整性 4. 档案著录的标准化 5. 档案资源具有唯一的识别符（系统自动对电子档案有明确命名规则和身份标识+命名规则具有扩展性）

第五章　云数字档案馆安全运行的风险评估指标体系

续表

序号	风险要素	观测点
2	档案检索资源开发是否满足合规性	1. 检索工具开发原则： （1）从方便查找和利用的角度，规划和设计目录结构，进行分类 （2）从分类和主题角度赋予被检索对象标识和注释，进行标引 （3）从便于识别和理解的角度描述被检索对象的属性和形式特征，进行著录 （4）从关联关系和访问权限等角度进行关联与隔离的处理 （5）面向不同类型的利用需求，建立多元化的索引数据库 2. 档案检索工具开发： （1）检索工具书（目录型检索工具+索引型检索工具+文摘型检索工具） （2）参考工具书类（年鉴+手册+编撰产品） 3. 检索数据库类型包括但不限于： （1）目录数据库 （2）全文数据库 （3）多媒体数据库 （4）专题数据库 （5）标引规则数据库
3	是否有形式多样的档案文化产品开发	1. 遵循档案编研的理论、方法和原则，规划性开展档案信息开发工作 （1）关注和捕捉组织内外的热点新闻和主题，分析和发现社会热点与所管理的文件信息资源的关联性 （2）明确需求，确定信息开发的主题、汇编体例和编写标准等，完成选题 （3）针对选题，筛选出有价值的原始档案资源，分析内容并对其真实性进行考订、核实 （4）对原始档案进行编辑、摘录、整合、汇总和优化处理 （5）初稿编制 （6）总纂与整合，确定逻辑结构、体例、标准与规范，组织内容，整合，形成审校稿本 （7）审校定稿，审核、校对、检查，发现审校稿本问题，修改、补充完善，形成定稿 （8）批准发布，批准定稿或信息服务产品，准予对外提供利用 （9）形成编研资料库，将参考过的档案、文件资料进行分类整理，进行关键词、摘要等项目的著录标引，建设面向主题的编研文献库 2. 档案信息新媒体资源开发（如微博、微信、电视、广播、电影等）

续表

序号	风险要素	观测点
4	档案开发产品是否内容丰富、生动形象，具备传播有效性	1. 文字版 2. 纪念册 3. 档案文化讲座视频 4. 语音播放版 5. 多媒体版 6. VR 版 7. 漫画版 8. 各类文创产品等

（三）质量控制

ISO9000 标准中的"质量"是指"一组固有特性满足要求的程度"[①]，而"要求"包括"明示、通常隐含的或必须履行的需求或期望"。因此档案数字资源的"固有特性"是其区别于其他事物的独特性。其质量内涵有四个方面内容。（1）真实性：在合规可信的信息管理系统中形成、收集、整理、鉴定、保存、迁移、利用（原生电子档案和基于此环境产生的档案开发产品还具有"原始记录性"）。反映档案数字资源的内容、结构、背景信息，并可追溯其生命周期的任意一个阶段。（2）完整性：在合规可信的信息管理系统中，不仅反映信息的内容，也反映其结构、背景，还反映档案数字资源之间的有机联系性。（3）有效性：能借助计算机系统或移动终端查阅、打开、信息再现、提供利用。（4）安全性：确保档案数字信息资源不泄密、不篡改、可长期保存和使用。隐含和必须履行的需求是信息管理系统安全、数据仓储安全、网络安全、硬件设施安全、备份安全和服务安全。

因此，数字档案资源的质量，要从云数字档案馆业务的收、管、存、用各环节抓起，实施过程控制。质量控制的风险和观测点见表 5 – 15。

---

① 李扬、吴丹、张志强：《国际质量管理体系及应用》，中国地质大学出版社 2013 年版，第 20—21 页。

表5-15　档案数字信息资源质量控制的风险和观测点列表

序号	风险要素	观测点
1	是否进行前端控制，确保接收的档案资源满足质量要求	1. 符合归档范围，数量、内容、元数据完整，满足要求 2. 分类正确 3. 在前端系统生成，内容真实、完整、有效、安全，元数据自动捕捉或后续补录完整，封装规范，符合国家或行业标准 4. 传统档案数字化，符合国家或行业标准，元数据完整 5. 完成文件形成阶段和归档管理阶段的"四性"检测
2	是否能确保进馆后的档案数字资源质量	1. 数字档案长期保存阶段，定期进行真实性、完整性、有效性和安全性的"四性"检查 2. 迁移、转换和传递阶段，进行"四性"检测 3. 定期对共享和使用状态的数字档案进行"四性"检查
3	是否建立档案资源的凭证性保障系统和身份认证机制	1. 购置和开发专门的用于检测电子文件质量的工具、定期对技术和系统进行"四性"检测 2. 对于难以读取或不再符合长期保存要求的文件进行载体迁移、格式转换、数据抢救等处理，确保电子文件信息可用、可访问
4	是否进行标准符合性检查	对文本类、图像类、音视频类、网页类等各种技术格式的电子档案建构能够符合开放的、持续有效的技术格式

（四）云存储管理

云存储是大数据时代的新型存储模式，可以将不同位置、不同种类的存储器通过网络联通，在分布式计算、集群应用及网格技术的支撑下，为相关用户提供数据存储和业务访问。[①] 云存储是通过云技术实现的一种新的存储体系，可以存储和获取图片、音频、视频、文本等各类不同的档案信息资源，提供海量、低成本、强安全、高可靠的

---

① 参见许锋、单大国《基于Hadoop的涉案视频资料云存储平台研究》，《中国刑警学院学报》2019年第9期。

分布式云存储服务，及时解决存储扩容、数据可靠安全、分布式访问和数据同步更新等相关复杂问题，也具有数据监控、盘点和统计等管理性职能。云存储管理的风险和观测点见表5-16。

表5-16　　　　云存储管理的风险和关测点列表

序号	风险要素	观测点
1	是否有云存储设计方案	1. 总体框架模型，包括但不限于： (1) 访问层的应用接口层：网络接入、用户认证、权限管理 (2) 访问层的数据管理层：分布式文件系统、结构化数据库管理系统、用户数据隔离、数据加密、数据销毁、数据备份等 (3) 存储层：存储虚拟化、存储管理、状态监控、维护升级等 2. 云存储功能模块，包括但不限于： (1) 目录管理 (2) 用户管理 (3) 档案资源管理 (4) 菜单标签管理 (5) 卷宗生成 (6) 统计、分析等数据管理和共享管理等
2	实施中是否明确云存储组织方式和存储结构	1. 数字对象资源组织方式，实体对象、元数据信息及信息服务产品按照不同的信息结构、不同种类进行组织、排列，以便存储和使用 2. 数字对象资源的存储方式，采用集中存储、分布存储或混合存储的方式 3. 数字对象资源的存储结构，可依据资源种类、属性特征、技术格式、访问效率、网络环境等合理设置管理对象的存储结构
3	实施中是否动态调整与扩展云存储库容量	1. 对数字档案种类、数量、占用空间的增长监控 2. 数字档案信息，元数据信息，档案开发利用信息，档案鉴定、处置、封装、迁移等管理类信息类型的容量统计及增长速度，明确对持续保存和有效利用的要求 3. 身份认证和访问控制，确保云计算处理能力和访问量在服务器能力范围

二　业务架构

云数字档案馆的业务架构应该从顶层设计开始，依据国家的政策框架和科学的管理方法，明确机构的指导思想、质量方针和目标、业务范围、系统功能定位、业务标准规范等，为后续的技术实现奠定基础。

（一）总体框架设计

档案业务管理的总体框架是后续云数字档案馆业务架构在技术实现方面的依据。需要在总目标明确的前提下，规划系统的业务框架，包括管理对象、管理范围、用户分类、不同管理的业务流程、数据流、数据标准、技术选择方案等。这部分是云数字档案馆建设和运行的纲领性指南。总体框架设计的风险和观测点见表5-17。

表 5-17　　　　**总体框架设计的风险和关测点列表**

序号	风险要素	观测点
1	是否明确云数字档案馆业务系统建设的总目标	1. 指导思想明确，包括但不限于： （1）对机构全部业务支持和实现的有效性、机构留存业务过程证据及其履行司法审计的法规遵从性 （2）全程管理、源头控制和知识共享的指导思想 （3）科学性、价值性、传承性和效用性等质量方针 （4）真实性、完整性、有效性和安全性等质量目标 （5）SOA 服务体系构建 （6）服务政府、社会公众、智慧社会建设的定位 2. 建设目标清晰： （1）SaaS 层功能需求，建设方案 （2）PaaS 层功能需求，建设方案 （3）IaaS 层功能需求，建设方案
2	是否有云数字档案馆建设的业务框架	1. 管理对象明确，包括但不限于： （1）电子档案存在的形态、技术格式、呈现方式和文件类型界定清晰 （2）不同类型的文件在前端业务系统中呈现的格式和样式模版标准化 （3）对电子文件进行固化、转换、封装、迁移等处理的技术、方法和原则明确

续表

序号	风险要素	观测点
2		2. 用户类型明确，包括但不限于： （1）云平台资源提供者 （2）云平台资源管理者 （3）云平台资源利用者 3. 档案云平台实施方案明确，满足总体建设目标，包括但不限于： （1）SaaS 管理范围、业务流程、框架清晰 （2）PaaS 管理范围、业务流程、框架清晰 （3）IaaS 管理范围、业务流程、框架清晰 （4）档案数字资源长期保存计划明确 （5）基于云平台的档案利用、文化传播功能明确 4. 电子档案的有效性、安全技术组件明确，包括但不限于： （1）电子签名技术，标识和认证电子文件相关责任者的身份 （2）电子签章，标识和认证电子文件的来源机构和保管机构 （3）数字水印或数字指纹技术，防止数据被修改 （4）时间戳技术，记录文件处置过程的证据信息 5. 兼容性、拓展性、风险和安全管理方案清晰

（二）应用系统功能定位

云数字档案馆应用系统运行在 SaaS 层。由于档案数字资源与载体相分离的特点，需要遵循档案管理理论，在安全合规的应用系统中，完成其收集、鉴定、整理、保管、检索、编研、利用、统计等工作。因此，在履行国家、行业政策法规标准的前提下，梳理业务流程，明确业务系统的逻辑结构，确定其功能定位，是档案数字资源管理的关键。应用系统功能定位的风险和观测点见表 5 - 18。

表 5 - 18　　　　应用系统功能定位的风险和观测点列表

序号	风险要素	观测点
1	是否有档案数字资源接收系统	1. 在线接收 2. 离线接收 3. 集成电子档案凭证生成和校验技术 4. 实施数据安全传输机制 5. 电子档案数据与元数据、电子档案凭证的版式文档格式封装功能等

第五章　云数字档案馆安全运行的风险评估指标体系

续表

序号	风险要素	观测点
2	是否有档案数字化加工系统	1. 现有馆藏档案数字化加工，编目 2. 档案资源数字化副本规范化处置、整合、转换、元数据封装、迁移等
3	是否有档案数字资源综合管理系统	1. 馆藏档案数字资源整理、编目、数据挂接 2. 档案鉴定子系统 3. 备份、恢复、迁移子系统 4. 档案信息资源凭证性管理子系统 5. 质量管理子系统 6. 辅助馆藏实体库房管理子系统 7. 统计报表子系统 8. 资料管理子系统 9. 查询、接待、借阅管理 10. 系统配置
4	是否有档案数字资源长期保存系统	1. 云存储中心，包括但不限于： （1）长期封存的档案信息包 AIP 的管理 （2）档案信息资源在收集、管理、使用三个系统中采集或同步接收业务处置行为中的元数据封装 （3）电子档案实体对象的格式迁移 （4）有效性校验和安全性风险防范 2. 异地保存系统 3. 近线、离线保存系统 4. 异质保存系统
5	是否有档案数字资源公共利用服务系统	1. 系统部署： （1）局域网 （2）政务网 （3）互联网 （4）移动数字档案馆 2. 一站式检索档案目录、查阅档案数字副本服务 3. 档案信息资源凭证性校验、数据安全传输机制 4. 档案利用权限和利用审批流程控制 5. 异地出证服务
6	是否具有虚拟档案室系统	1. 面向政务网部署 2. 虚拟档案室功能，包括但不限于： （1）面向未建设 OA 系统或 OA 系统中的档案管理功能欠缺的档案移交单位 （2）电子文件的归档、管理、利用和在线移交功能 （3）存储移交单位档案信息数据

续表

序号	风险要素	观测点
7	是否有运行维护管理系统	1. 维护 IaaS、PaaS、SaaS 各层运营 2. 软硬件基础维护 3. 运行日志审计和维护 4. 系统恢复和安全防护等
8	是否有档案数字资源交换系统	1. 实现各个网域之间、各网络内部各项对独立运行的系统之间的信息交换 2. 多租户系统数据层逻辑隔离 3. 各个系统在不同网域之间数据物理隔离 4. 系统之间数据交换时有专门的通道，以确保安全
9	是否有其他业务辅助系统	1. 档案信息资源"四性"检测系统 2. 电子档案封装系统 3. 档案编撰系统 4. 专题档案研究系统 5. 迁移系统 6. 审计系统

（三）业务标准规范

业务标准定义了档案业务流程，它既是控制业务规范化实现的程序性文件，也是档案业务管理固化在业务系统的依据。业务标准规范的风险和观测点见表5-19。

表5-19　　　业务标准规范的风险和观测点列表

序号	风险要素	观测点
1	是否具有业务管理总体规划	1. 业务管理目标 2. 业务框架 3. 业务工作制度、实施细则和操作指南 4. 信息系统的功能要求 5. 建设规范和实施指南

续表

序号	风险要素	观测点
2	是否有档案数字资源建设标准	1. 跨部门、跨流程、跨种类的归档电子文件关键点控制标准，包括但不限于： （1）电子文件形成与固化 （2）电子文件捕获与登记 （3）电子文件整理与归档 （4）电子文件鉴定与处置 （5）电子文件迁移与交互 （6）电子文件封装与保护 （7）不同信息包封装的内容和方法 （8）不同信息包的凭证性检验标准 2. 纸质档案、照片档案、声像档案等传统档案的数字化标准 3. 不同类型电子档案长期保存的格式标准 4. 档案资源不同层级的开发标准： （1）目录数据库建设标准 （2）专题数据库建设标准 （3）不同形式档案信息的编研、编撰标准和格式标准
3	是否具有元数据标准和实施规范	1. 具有不同类型档案的元数据标准，包括但不限于： （1）文书类 （2）科技档案类 （3）照片类 （4）音像类 （5）视频类 （6）网络资源类 （7）3D数据类 2. 元数据内容完整，包括但不限于： （1）业务背景元数据，用于记录电子文件形成时的原因、时间、环境和制度约束，跟踪文件在任意时候的状态、结构和完整性，揭示文件与其他文件的关系 （2）内容描述元数据，用于描述电子文件的主题、摘要、关键词、内容、结构等信息 （3）技术属性元数据，用于记录电子文件的技术特征，如技术格式、大小、分辨率等 （4）处置过程元数据，用于记录电子文件鉴定、归档、转换、迁移、销毁等处置过程的时间、责任人、原因和相关说明等 （5）管理描述元数据，用于方便管理和使用而著录的描述电子文件特征的相关信息 （6）文件关联元数据，用于保持多个电子文件之间的关联关系

续表

序号	风险要素	观测点
3		3. 元数据项的含义、属性和赋值规则完整，包括但不限于： (1) 元数据元素的名称、定义、默认值和著录规范等 (2) 元数据元素赋值的数据类型、长度和约束条件等，如字符型、数值型、日期/时间型、逻辑型的元数据值等 (3) 元数据元素的值域 (4) 元数据元素的编码体系 (5) 元数据元素的缺省值 (6) 元数所属层次，如全宗、类目、卷夹、件级等 (7) 元数据元素之间的关联关系，如继承关系、参照关系等 (8) 元数据值的查询、访问和呈现要求，如显示的业务环节、操作权限控制等 4. 元数据可调整、编辑、配置、嵌入系统中自动捕捉。不同版本的元数据之间要建立对应关系，并通过系统进行备案、保存、发布和查询
4	是否具有档案数字资源业务管理标准	1. 归档范围、保管期限、分类体系、档号唯一性设置标准 2. 虚拟档案室、虚拟档案馆业务管理标准 3. 档案数据迁移与交换标准 4. 辅助实体档案管理的虚拟库房管理标准 5. 鉴定与处置标准 6. 开放、受控、涉密文件的管理 7. 档案利用标准 8. 跟踪与审计标准

三 档案业务关键环节控制

（一）接收与组织

云数字档案馆的资源来源见第五章第二节第一部分所述。以接收子系统作为前端业务与数字档案馆的接口，风险更大地来自前端移交的电子档案质量（真实性、完整性、有效性、可靠性），以及后续组织管理。收集与组织的风险和观测见表5-20。

表 5-20　　　　　　收集与组织的风险和观测点列表

序号	风险要素	观测点
1	在接收子系统中，是否设置了自动识别不同来源档案资源的全宗编码体系	1. 编码体系满足系统性、科学性、可识读性和扩展性 2. 全宗目录数据库动态更新 3. 全宗编码与该全宗下档案资源的自动关联性
2	系统是否在云平台嵌入完整的分类方案、保管期限和处置方式	1. 档案资源分类、档号唯一性设置 2. 保管期限设置 3. 到期鉴定、降密解密、开放鉴定
3	接收的档案信息资源封装和固化是否规范	1. 存在的形态、技术格式、呈现方式和文件类型满足系统要求 2. 封装和固化中，使用了诸如电子签名、电子水印、电子印章、时间戳、传输加密等保障措施，确保档案资源的有效性、不可更改性和安全性
4	是否对接收的档案资源完成"四性"检测	1. 自动检测接收的电子档案真实、完整、有效、可靠 2. 归档范围、保管期限的符合性

（二）鉴定与处置

鉴定贯穿档案资源的整个生命周期，是档案资源管理过程中重要的一环，对档案资源的质量管理具有重要意义。鉴定可分为归档前鉴定、进馆鉴定、到期鉴定、销毁鉴定、降密解密鉴定、开放鉴定等，确保满足鉴定条件的档案资源得以持续保存。鉴定和处置的风险和观测点见表 5-21。

表 5-21　　　　　　鉴定和处置的风险和观测点列表

序号	风险要素	观测点
1	是否有明确的档案资源的鉴定流程	1. 鉴定工作计划 2. 鉴定实施方案 3. 鉴定工作流程和质量控制要求，包括如申请、审批、实施、形成报告和监督控制等 4. 鉴定在云数字档案馆中的配置、实施和管理

续表

序号	风险要素	观测点
2	鉴定类型和内容是否明确	1. 鉴定类型确定，包括但不限于： （1）形成阶段鉴定：确定电子文件的"四性"特征，鉴定需要持续保存或实施归档管理的电子文件范围和对象 （2）归档前鉴定：确定电子档案的保管期限和移交方式 （3）期满鉴定：对期满电子文件进行处置，包括销毁和续存等 （4）解密降密鉴定：对不同密级的电子档案到期，进行解密降密处置，确定是否继续保密、缩短保密期或开放等 （5）开放鉴定：对保管期限到期或解密的电子档案进行鉴定，确定是否可以开放 2. 鉴定内容确定，包括但不限于： （1）电子文件真实性鉴定 （2）电子文件完整性鉴定 （3）电子文件有效性鉴定 （4）安全性鉴定 （5）介质状况检测
3	是否对鉴定与处置全过程进行检查、跟踪和管理	1. 电子文件的鉴定和处置过程信息应进行记录并保存 2. 鉴定和处置工作应形成鉴定报告，由责任者和负责人签署意见 3. 对鉴定和处置工作的完成情况和质量进行定期检查、抽样审查或突击检查 4. 保留被销毁电子档案的元数据和相关操作日志 5. 确定对应实体的存放位置、实体对象、同质和异质的复制件是否彻底删除或销毁，保证不可恢复

（三）迁移与转化

档案数字资源的维护与迁移是云数字档案馆对档案资源有效性和安全性进行管理的策略。其目的是在技术更新、IT进化的环境下，确保档案数字资源一个系统安全地转移到另外一个系统，或者从一种格式转换成另外一种格式时，能够确保在满足真实、完整、有效的前提下再现。迁移与转化的风险和观测点见表5-22。

表 5-22　　　　　迁移与转化的风险和观测点列表

序号	风险要素	观测点
1	是否制定电子档案迁移、转换的实施方案	1. 技术进步，系统升级，存储载体变化，数据迁移的管理策略、迁移路线、迁移管理中心设置等 2. 迁移的功能实现，包括但不限于： （1）支持将电子档案向新一代长期保存格式转换 （2）支持将电子档案及其元数据迁移到新版或新一代系统 （3）支持将电子档案及其元数据迁移到新的系统硬件平台 （4）上述过程发生时，系统应将变化过程的证据及电子档案转换、迁移等管理活动记录于管理过程元数据
2	是否制定数据迁移的管理程序并实施	1. 电子档案迁移、转换申请 2. 电子档案迁移、转换审批 3. 迁移、转换过程记录管理要求和迁移转换的质量保障方法等 4. 迁移、转换的操作登记表填写 5. 迁移、转换后管理类数据的再封装

（四）跟踪与审计

跟踪与审计是指云数字档案馆的管理者借助第三方进行质量监管活动。通过跟踪和审计档案数字资源及其管理过程的证据性信息，能够发现问题和风险，消除隐患，提升安全性，保障档案数字资源的质量及其管理的合规性和有效性。跟踪与审计的风险和观测点见表 5-23。

表 5-23　　　　　跟踪与审计的风险和观测点列表

序号	风险要素	观测点
1	是否有电子档案跟踪与审计的组织工作	1. 审计责任人和工作小组 2. 审计工作计划、实施方案 3. 审计流程、审批、实施 4. 审计专家组 5. 审计结果反馈，岗位问责

续表

序号	风险要素	观测点
2	跟踪和审计工作是否程序化,记录完整	1. 跟踪与审计的主要对象和内容明确,包括但不限于: (1) 档案资源变化跟踪与审计,覆盖其创建、变更、传递、固化、捕获、登记、分类、存储、鉴定、处置、迁移/转换/封装、使用等生命周期的相关信息变化重要节点,满足档案数字资源完整性和可追溯性的审计要求 (2) 档案资源的行为跟踪与审计,对各项业务活动的执行行为进行跟踪和记录,包括行为的描述、步骤、对象、日期和相关人员等,满足业务过程规范性和法规遵从性的审计要求 (3) 系统操作行为的跟踪与审计,对访问系统的各类用户及其操作过程进行跟踪和审计,包括系统管理员配置系统参数、设置用户权限、备份/恢复系统数据,以及非法用户的入侵和破坏活动,满足系统的可靠性和安全性使用的审计要求 (4) 档案资源管理的有效性审计,检查对机构业务工作效率提升、信息使用便捷畅通和满足司法证据要求等方面的适宜程度 2. 需要跟踪与审计的业务活动和流程明确,包括但不限于: (1) 基于档案资源管理的相关系统开展 (2) 基于系统设置和配置跟踪与审计的策略、计划、事件参数和记录凭证及其元数据项 (3) 基于系统自动跟踪和记录过程信息,形成日志文件,并保持其不能被人为改动 (4) 基于系统记录日志文件进行审查、统计和处理,分析系统中电子文件及其管理的质量状况和ERM对机构各项业务的促进和提升等,形成审计报告 3. 审计报告真实、可信和完整,反映云数字档案馆的现状、问题、风险隐患及需要整改的责任部门、人员及其业务 4. 通过跟踪和审计、对标,发现档案资源管理存在的潜在风险、安全隐患和不规范的行为,提出完善和改进的建议。包括但不限于: (1) 元数据项的完整性,元数据信息和内容信息的准确性和有效性 (2) 存储环境的安全性和可靠性 (3) 业务过程规范性和过程记录的证据性保障建议 (4) 相关系统对业务流程和目标实现的支撑性和正确性 (5) 业务框架的适应性 (6) 制度的可执行性 5. 审计报告应及时提交机构高层领导,并针对存在问题制定整改方案和改进措施 6. 对跟踪与审计工作进行督察、宣传和管理

续表

序号	风险要素	观测点
3	跟踪和审计后整改是否到位	1. 领导签署，组织实施整改方案 2. 整改报告 3. 配套奖惩措施

第三节　信息服务风险

档案信息服务风险是指云数字档案馆向不同用户提供档案借阅、档案开发资源产品、知识服务和个性化服务，传播档案文化，履行"五位一体"重要职能时存在的风险，包括档案服务对象、档案服务者、档案服务资源、档案服务组织等。如何在安全可信的环境下，了解服务对象的需求，保证其隐私安全，制定服务规程、开发相关信息产品、提供知识服务，是未来云数字档案馆彰显其生命力并持续发展的关键。

一　信息服务规程制定

信息服务规程制定是指针对所拥有的技术设施、档案资源和档案业务管理系统，基于对用户信息消费需求的分析，在符合档案行业规范的基础上，制定指导云数字档案馆信息服务工作的指南性和程序性文件，为用户提供虚拟化、档案资源多样化、档案信息共享化、需求满足个性化的服务，它是确保云数字档案馆提供科学、规范性服务的关键。

（一）服务制度

服务制度是云数字档案馆信息服务部门依据国家和行业相关的法规、政策和规范，结合本机构职责和服务特点制定的面向用户提供档案信息服务的制度性文件，用于保证服务质量的规范性文件体系。制度是规范信息服务业务的准则，服务制度的风险和观测点见表5-24。

表 5-24　　　　　　　　服务制度的风险和观测点列表

序号	风险要素	观测点
1	是否制定面向用户的档案信息服务原则、方法、规范和指南等制度性文件，用于指导和规范信息服务活动	1. 信息服务的安全与保密规范。依据档案信息的访问控制属性制定不同密级档案的使用原则、方法和规范，区别对待控制文件和开放文件 2. 档案信息资源开发的原则、方法和要求。遵循国家政策，借助信息技术工具和方法，开发多元化的档案信息服务产品 3. 信息服务公约，面向用户提供服务质量承诺 4. 信息产品的利用指南及内容格式的规范化。帮助和引导用户快速找到所需的文件和信息 5. 信息服务治理及内容格式的规范化。制定面向用户建议和文件内容开发与使用的信息服务治理机制和改进制度，不断提升信息服务质量 6. 用户使用档案信息和组织使用用户信息规定
2	是否有宣贯档案信息服务的计划和实施方案	1. 面向档案资源形成机构、使用资源的用户 2. 面向云数字档案馆组织内部 3. 制度熟悉程度的评价与考核（方式可通过问卷、抽样调查、用户反馈等）
3	是否顺应变化修订服务制度，进行版本控制	1. 用户信息消费需求变化 2. 国家、行业信息服务政策与制度发生变化 3. 信息技术与工具的更新和服务环境与手段的变化 4. 机构信息产品开发能力提升 5. 现行版本的控制

（二）服务程序

服务程序是云数字档案馆信息服务部门依据服务制度，细化服务的业务范围，明确工作任务和制定业务开展的程序性文件。服务程序的风险和观测点见表 5-25。

表 5-25　　　　　　　服务程序的风险和观测点列表

序号	风险要素	观测点
1	是否具有服务制度下的程序文件，规范信息服务的业务行为，保障用户信息利用的权益和效率	档案资源的降解密、档案资源的划控、档案资源的访问利用的程序文件，包括但不限于： (1) 开放档案信息资源的公布程序 (2) 受控档案信息资源的利用程序 (3) 档案信息资源利用库的组织、存储与一致性保障程序 (4) 电子文件信息开发和过程管理程序 (5) 编研成果和信息产品管理和发布程序 (6) 电子文件信息开发工具的建设和使用程序 (7) 信息服务网络平台系统的建设和使用程序 (8) 用户利用受控电子文件的手续和程序 (9) 用户信息管理和消费行为分析程序 (10) 用户教育、培训和管理等程序
2	服务程序文件是否适应信息服务工作的需要，并进行版本控制	政策、法规、服务制度的变化，服务程序的修订和完善，版本管理和发布
3	各类程序文件格式是否规范	1. 明确程序文件制定的依据、目的和适用范围 2. 确定与程序文件相关的关键岗位、职责和相关责任部门和岗位 3. 明确程序文件涉及的主要工作内容、业务流程、执行步骤、过程记录留存与管理要求 4. 确定该程序文件与其他程序文件之间的关联关系

（三）服务公约

建立服务公约的宗旨是通过明确信息服务的方针政策和质量目标，规范工作人员的信息服务行为，树立云数字档案馆的公共服务形象，保护用户权益等。可包括信息服务方针政策、服务质量承诺、服务效率的声明等，告知用户利用本机构不同类型的档案信息资源所涉及版权、知识产权、个人隐私权等注意事项。服务公约的风险和观测点见表 5-26。

表 5-26 服务公约的风险和观测点列表

序号	风险要素	观测点
1	是否有服务公约	1. 服务条例，包括但不限于： （1）服务对象，明确哪些单位、部门或社会公众等用户使用 ERM 提供的电子文件信息服务，告知用户利用电子文件信息的范围和权利 （2）服务内容，明确告知用户能够访问和利用哪些类型的电子文件 （3）服务渠道，明确各类用户可采用网络、现场、公众场所等环境了解、浏览和利用电子文件信息，以及应遵守哪些约定 （4）利用程序，应针对不同的服务渠道和方式，明确查询、检索、访问和利用电子文件的申请、受理、办理等相关手续、流程和要求等 （5）服务收费，应制定服务收费的标准和执行方法 （6）法律责任 2. 服务提供者、用户和利用环境三位一体的信息服务安全保护公约，包括但不限于： （1）提供者确保提供的档案资源真实、可靠，确保同一文件内容信息的一致性 （2）提供者确保提供安全的档案资源利用渠道，确保系统中信息不被非法访问、不被恶意篡改 （3）明确用户利用档案资源时应遵循的文明公约、行为规范和相关要求
2	是否对服务公约宣贯	1. 面向使用档案资源的用户 2. 面向云数字档案馆组织内部 3. 对服务公约熟悉程度的评价与考核（方式可通过问卷、抽样调查、用户反馈等）
3	服务公约的修订和版本管理是否及时	服务公约的实行中，随着国家政策、法规、服务制度的变化，进行修订和完善、版本管理和发布

二 服务业务关键环节控制

服务业务关键环节控制，是信息服务的过程控制。分为档案资源本身的密级、公开级别划分，用户的档案信息需求管理，以及对档案资源本体的开发利用、档案信息的发布和检索体系。通过信息技术工具，整合档案信息资源，形成信息产品，为用户提供档案信息共享和利用服务。

第五章 云数字档案馆安全运行的风险评估指标体系

（一）档案资源访问控制

档案资源访问控制是云数字档案馆在提供信息服务的过程中，遵照国家关于文件密级、政府信息公开、档案管理等方面的法律法规，正确处理公开与保密的关系，正确处理满足公众知情权与保护国家安全、机构秘密和个人隐私权的关系，通过一定的技术手段确保档案信息的安全。档案资源访问控制的风险和观测点见表5-27。

表5-27　　　　档案资源访问控制的风险和观测点列表

序号	风险要素	观测点
1	是否按照制度规范，设置了档案资源的不同层级的访问权限	1. 涉密档案资源的控制使用范围和保密期限，明确哪些文件的全文需要控制，并在目录及对应的存储载体上做出详细标识；明确哪些档案资源部分内容需要控制使用权限，并在目录及载体上做出详细标识 2. 涉密档案资源的标识方法，控制使用的手段、方式、程序及层级 3. 涉密档案资源定密、利用、超越权限的审批手续、利用方式，以及对申请查阅涉密文件进行审核、批准记录 4. 控制使用文件，访问利用的规则和权限设置 5. 面向不同类型的用户明确档案信息的访问控制权限，包括本体内容、元数据、关联文件等
2	是否对档案信息资源鉴定和处理业务进行跟踪，及时调整其利用和访问控制	1. 到期鉴定后的档案资源公开或处理记录 2. 降解密鉴定后的档案资源公开或处理记录
3	是否公开或受限控制的档案资源类别和范围	1. 实体档案服务大厅公布 2. 数字档案馆、政府信息公开网上公布

（二）档案信息需求管理

档案信息需求管理，是指通过动态分析网上、网下的用户借阅、关键词检索，数字档案馆信息浏览，页面点击量等，分析用户对档案信息资源的需求变化，以用户需求为导向，扩大接收、征集或开发档案信息资源，满足用户不同的个性化需求，提升信息服务水平的能力。档案信息需求管理的风险和观测点见表5-28。

表 5－28　　　　档案信息需求管理的风险和观测点列表

序号	风险要素	观测点
1	是否建立用户监督和反馈机制，有畅通的用户档案信息需求反馈渠道，收集用户需求	1. 信息服务部与用户之间的互动、协作平台 2. 主动征求用户的建议和意见，制定、发放和收回用户调查表，并对其中的内容进行分析，纠正改进 3. 收集用户投诉信箱的投诉或反馈信息，处理投诉申诉记录 4. 与用户开展面对面的沟通和交流 5. 利用社会化媒体和实时交互工具与用户交流，如通过BBS论坛、QQ、人人网、微信、微博等新媒体与用户沟通，实时解答，及时整理用户反馈信息
2	是否能利用新技术对用户显性、隐性、共性、个性等需求，进行大数据分析	1. 行为习惯分析 2. 检索内容分析 3. 检索关键词分析 4. 浏览热点分析 5. 眼神聚焦点分析等 6. 一切来自用户语言、行为、眼神的分析
3	档案服务者是否能根据用户需求进行分析，及时调整和改进服务策略，满足用户需求	1. 需求分析报告 2. 档案资源建设和信息产品开发的改进方案 3. 档案资源库的数量和质量，档案开发产品的数量、质量、特色得到的提升

（三）档案信息发布

档案信息发布是指云数字档案馆信息服务部门利用各种渠道和技术手段，以不同的呈现形式，结合时事，将符合档案利用需求，用户需求，并经过开放鉴定的档案资源，向各类用户发布和推送的服务。档案信息发布的风险和观测点见表 5－29。

表 5－29　　　　档案信息发布的风险和观测点列表

序号	风险要素	观测点
1	发布的档案资源是否按照程序经过开放鉴定	1. 按照工作流程，完成鉴定和审批 2. 机构签署可发布

续表

序号	风险要素	观测点
2	是否具有多元化档案信息发布平台，促进档案宣传、利用	1. 针对不同的网络环境和访问控制权限，涵盖局域网、政务网、因特网的在线服务发布平台 2. 社会媒体发布：广播、电视、广告、电子报、微博、微信公众号、短信等 3. 电子邮件发布，提供索引链接和推送最新研究成果目录和简介，订阅栏目信息等
3	是否能保证发布档案内容的真实性、完整性、有效性	1. 跟踪电子文件信息资源的访问控制权限，及时发布应公开的档案信息和开发产品 2. 跟踪已发布的档案信息被访问情况，分析被篡改和非正当使用的风险，采取应对措施，进行安全性保障处理 3. 定期将发布在外的电子文件信息资源与实施安全不可修改的原始库中内容进行比对，及时进行纠错处理 4. 检查与纠错的方法可基于信息技术手段和工具实现自动化、半自动化的跟踪和处理
4	档案信息发布的内容和形式是否具有多样性	1. 发布档案相关信息（网上+实体），如目录、全文、图像、视频、索引数据库、光盘、展板和图书、宣传册等 2. 网上展厅，发布特藏珍品、特色文献展览、专题报道和在线出版物等 3. 发布档案讲座 4. 发布档案文化产品
5	是否有个性化推送发布	1. 设置有订阅栏目的信息，使用户可以及时、定期获取所订阅的内容 2. 根据特殊人群的需求对信息进行分类，按群体或者按专题分，便于个性化用户的检索需求

（四）检索系统构建

检索系统是指采用检索工具，如检索工具书（目录型检索+索引型检索+文摘型检索）、参考工具书等对云数字档案馆的资源进行检索，提供查找档案信息的线索，提高其检索效率。检索系统构建的风险和观测点见表5-30。

表5-30　　　　　检索系统构建的风险和观测点列表

序号	风险要素	观测点
1	是否具有用于查找、发现、研究和开发档案信息资源的检索系统	1. 检索范围覆盖所有类型的档案信息资源，包括原始信息、编研成果、专题展览、信息服务共性产品和个性化服务产品等 2. 检索可以满足各种类型用户的共性和个性化的检索 3. 基于内容的多媒体检索（文本+图像+音频+视频），需采用开放的体系结构，以适应档案信息资源数量不断增多、格式不断丰富和内容不断增加的变化，以及IT技术的发展进化和用户需求的变化
2	检索系统功能是否完备	1. 检索方式运用（检索词或组织式检索，可以完成简单检索+高级检索+专业检索） 2. 检索技术运用（布尔逻辑运算符组配检索+加权检索+截词检索+字段限制检索+位置运算符检索） 3. 数字人文服务（语义分析和知识挖掘） 4. 检索效果分析（查全率、查准率）
3	检索系统是否持续改进，确保其连续性和检索服务能力的有效性	1. 对用户需求不满足进行调整 2. 对检索技术改变进行改进 3. IT进化导致检索系统升级 4. 档案资源出现的新形式，检索系统的多样性 5. 随着需求变化而完善系统功能 6. 技术和检索的查全率+执行、检查和改进制度，保障检索体系

三　用户管理

用户管理是指对云数字档案馆的用户进行管理，包括用户级别和权限设置、用户研究、用户个人信息库管理、用户日志、用户教育培训等方面。

（一）用户访问授权

用户访问授权是指云数字档案馆通过系统用户配置管理模块，依据档案资源的访问控制属性，对不同类型的用户进行信息访问权利控制和跟踪，以明确用户对信息服务系统的使用权限，确保档案资源的安全。用户访问授权的风险和观测点见表5-31。

表 5-31　　用户访问授权的风险和观测点列表

序号	风险要素	观测点
1	是否对不同用户设置访问授权	1. 用户分类，包括但不限于： （1）档案形成机构 （2）IT部门人员 （3）档案管理机构（领导+不同层级管理人员） （4）审计人员 （5）合作单位人员 （6）社会公众 2. 用户授权，包括但不限于： （1）将各类用户按照访问的档案资源的权限进行分类或分组管理，明确每类用户对资源对象的访问权限，应细化到可有权访问哪类文件、哪份文件，每份文件的哪些元数据项、每份文件的全部或部分内容信息（摘录）等项 （2）依据档案信息服务制度，对不同类型或控制级别的档案设置访问控制权限，为授权用户设置系统和资源的访问权限
2	是否对用户访问档案资源的权限进行跟踪和处理	1. 用户访问日志审计 2. 用户级别变化引起权限变更 3. 机构内用户离职清理

（二）用户信息管理

用户信息管理包括用户研究和个人隐私信息管理。用户研究是对用户行为包括心理与信息行为、搜寻行为、侵权行为分析，用户多元化、个性化的定制化需求，以及交互性、良好用户体验、终端设备一体化等需求的分析。[①] 通过对用户显性和隐性需求的行为规律分析和了解，教育引导用户隐性需求转化。用户研究的结果反馈到信息服务方面，则可以跟踪服务质量，改良宣传环境、推动集成检索与检索结果优化，加快传播，提供个性化定制的推送服务和移动方式的检索与传递服务，保证用户满意。

用户隐私信息管理是指为保障用户权益，对用户个人的基本信

---

① 参见龚娅君《数字图书馆新媒体服务研究》，国家图书馆出版社2016年版。

息、用户注册进行修改、删除和信息更新，以及查阅档案信息类型，对信息消费偏好等进行管理和监控。用户信息管理的风险和观测点见表 5-32。

表 5-32　用户信息管理的风险和观测点列表

序号	风险要素	观测点
1	是否具备用户研究的理论和方法	1. 用户行为规律分析 2. 用户需求分析 3. 数据分析工具的熟悉和掌握
2	是否对用户心理进行行为分析	1. 用户的信息心理，可包括信息意识和心理认知等 2. 用户的信息行为，如信息需求表达行为、信息查询行为、信息交流行为、信息感知行为、信息选择行为、信息吸收行为和信息创造行为等
3	是否设置多种获取用户信息需求的方式	1. 直接调查法，包括但不限于： （1）向用户发放预先设计的调查问卷表 （2）通过信息服务门户系统动态、自动地捕获用户行为，分析用户消费习惯 （3）通过信息服务系统的交互功能，获取用户的信息需求 （4）实地考察和咨询访问等面对面方式进行沟通和交流 2. 间接调查法，包括但不限于： （1）电子邮件 （2）用户资料 （3）用户以往利用信息规律分析等
4	是否对用户进行研究，监督、检查和持续改进，提高信息服务质量	1. 具有开展用户研究工作的专门计划、执行措施和监督机制 2. 满足用户多元化的、动态发展的信息利用要求 3. 对用户的侵权行为进行跟踪并依据法律法规做出处理 4. 信息服务质量适用性的调整和更新

第五章　云数字档案馆安全运行的风险评估指标体系

续表

序号	风险要素	观测点
5	是否建立用户隐私信息库	1. 用户基本信息，系统登录号，用户名称、类别、所属地、联系方式、教育水平、信息经历、兴趣偏好等 2. 用户利用档案资源的历史记录，可包括用户访问系统的历史检索条件、访问时间、访问内容和利用目的等 3. 用户的反馈信息，来自用户的建议、意见和评论信息等 4. 用户的信息消费需求 5. 用户合作的相关信息，可包括机构与用户联合开展的文件汇编、信息开发、主题挖掘等相关研究信息 6. 用户培训信息，用户参加信息部门组织的教育培训等相关记录 7. 用户行为跟踪 8. 用户访问日志 9. 用户评价信息，由机构信息部门内部形成的对用户的信息消费行为、用户的合作关系、用户使用档案信息的合规性等方面进行分析评估的相关信息
6	是否能保障用户信息的安全	1. 加密 2. 防扩散 3. 防篡改
7	用户隐私信息的管理是否与云数字档案馆各子系统同步	1. 用户授权 2. 用户需求获取 3. 用户协同开发

（三）用户咨询培训

用户咨询培训是指针对用户利用档案数字资源的要求，通过多种渠道和方式面向用户进行咨询和培训。使用户能够在法律的框架内，熟练掌握信息服务平台技巧，便利地获取并使用机构保存电子文件。用户咨询培训的风险和观测点见表5-33。

表5-33　　用户咨询培训的风险和观测点列表

序号	风险要素	观测点
1	是否落实用户咨询培训工作	1. 制订计划 2. 执行方案 3. 改进措施

续表

序号	风险要素	观测点
2	是否开发咨询培训的内容、课件和操作指南等，提供咨询和培训服务	1. 信息服务平台系统的操作方法和快捷使用，各类档案信息资源访问的渠道和获取方式 2. 档案信息资源库的内容及其访问控制权限，以帮助用户了解可使用的信息 3. 检索工具的使用方法，以帮助用户快速定位和检索到所需的信息 4. 档案信息开发利用的方法和流程等，以吸引感兴趣的用户共同开发电子文件信息资源，挖掘和发现电子文件价值 5. 开发专题宣传片，为具有特定领域知识背景的用户提供该专题文件资源讲座 6. 档案利用的法规制度，保护知识产权和公民隐私权等
3	咨询和培训的方式是否多样性	1. 网络远程方式，通过网络会议工具，开展在线的咨询、答疑和提供解决方案 2. 现场交流方式，指定专人就利用电子文件的程序，通过面对面的方式就如何办理利用手续、服务时间、如何提交申请、回复时间、申请的详细内容和格式等具体事项进行详细的讲解和实操训练 3. 知识推送，将培训资料、咨询方案和课件等知识发布到信息服务门户网站、用户邮箱等方式，以帮助用户自主学习 4. 印发指南性手册、宣传册、知识问答教材等

第四节　技术实现的风险

技术实现的风险是指云数字档案馆在建设或运营中，选择采用的虚拟化技术、分布式海量数据存储、海量数据管理技术、并行编程技术、云平台管理技术、构建及组织运作、档案业务管理、信息服务功能的档案云存在的风险。在组织保障风险、档案业务管理风险、信息服务风险的管理中，可以通过技术实现，嵌入相关的管理体制、标准规范，自动控制风险，实现档案管理者的战略，确保档案业务的连续性、档案信息共享和服务的延伸性。

一　档案云安全架构设计

云安全是网络时代信息安全的最新体现，融合了并行处理、网格

第五章 云数字档案馆安全运行的风险评估指标体系

计算、未知病毒行为判断等新兴技术和概念,涉及服务可用性、数据机密性和完整性、隐私保护、物理安全、恶意攻击防范等诸多方面,其最终目的是确保用户身份安全、共享业务安全和用户数据安全。

(一) 应用架构

应用架构主要表述一个软件系统的基本组织结构、基本组成构件和互相的关系,以及构件与外部环境间的关系,为后续的设计和架构演化提供了指导性原则。[①] 对云数字档案馆而言,即描述云数字档案馆系统功能和技术实现的内容。它可以明确哪些制度、标准、规范和业务流程及信息能够通过技术手段得以贯彻和落实,设计各类应用系统框架结构,确定系统运行模式和部署方案,建立系统内外之间的集成方案。目的在于支持档案资源管理的制度、业务流程和业务管理的系统化实现。应用架构的风险和观测点见表5-34。

表5-34　　　　　应用架构的风险和观测点列表

序号	风险要素	观测点
1	应用架构设计是否规范	1. 遵从国家或行业的标准或原则 2. 软件架构蓝图 3. 架构标准/原则 4. 系统的边界和定义 5. 系统间的关联关系 6. 架构实现、系统实施、系统架构演化和系统演化 7. 以架构图方式描述业务系统的组成和框架 8. 起到统一规划、承上启下的作用
2	是否明确应用系统的部署方式和集成方法	1. 部署方式 2. 集成方法及其支持这些业务模式的系统中的用户模型
3	系统功能是否按要求实施	1. 满足国家对档案管理信息系统的功能要求 2. 满足第五章第二节第二部分"业务架构"的要求

---

① 参见周作建、邢树斌《软件企业中的架构师职责探讨》,《电脑知识与技术》2011年第11期。

(二) 数据架构

数据架构设计包括规划数据主题域，结合各应用系统中的数据分布和流向，描述关键数据对象的分布情况，以及核心数据对象的重要属性和共享数据使用模型。其支撑云数字档案馆各应用系统运行的数据库模型和存储结构，确定档案资源的聚合模型、云仓库及其数据存储与管理策略。数据架构的风险和观测点见表 5-35。

表 5-35　　　　　　　**数据架构的风险和观测点列表**

序号	风险要素	观测点
1	档案信息数据模型是否标准规范并实施	1. 针对档案管理业务，对数据分类、分布、流向梳理清晰 2. 具有用于集成和交换的，通用开放性的数据模型标准，包括数据定义和格式、数据字典等 3. 对数字档案馆业务流程涉及的概念和数据进行了统一的定义、命名、编码 4. 数据结构、关注表、数据库设计完善 5. 具有全面、一致、完整的高质量数据
2	档案信息元数据管理方案是否标准规范	1. 具备不同类型档案资源的元数据模型 2. 应用系统可以支持全部元数据定义与配置的元数据结构和值域范围等
3	档案信息数据分类方案是否系统化	1. 系统自动分类 2. 可以区分各业务应用系统之间需要共享的业务数据，建立统一的业务系统间共享数据模型[①]
4	档案信息数据存放位置划分是否合规	1. 明确档案信息的访问控制权限（如敏感、内部、开放） 2. 对数据在物理位置和主题区域进行划分
5	档案信息数据迁移方案是否明确	明确数据在不同数据库间移动和复制的过程中采用的转换方法和传输规则，确保应用系统间形成的数据流、审计信息的一致性
6	档案信息数据管理方案是否规范	1. 数据传输、处理、存储、发布标准化，准确一致，真实、完整、有效和安全 2. 对数据进行全生命周期管理

---

① 参见黄文思、许元斌等《特大型集团企业两级数据中心的研究与实践》，《电力信息化》2011 年第 2 期。

续表

序号	风险要素	观测点
7	档案信息聚合模型的实现是否规范	1. 资源类型：原始档案（电子档案及馆藏传统载体档案数字化副本）封存件与使用件、资料（编研成果、常用利用包） 2. 控制状态：开放、控制（馆内局域网存放的敏感档案和云环境中存放的受控使用档案） 3. 数据库模型对用户使用权限、层级控制、访问频度、保管要求和资料类型进行考量

（三）技术架构

技术架构指云数字档案馆各应用系统正常运行的软硬件建设的总体思路和框架结构，是档案管理业务通过技术方法得以实现的根本保障，包括IaaS、PaaS、SaaS提供的软硬件基础平台层、应用支撑平台层、数据资源层、应用系统层及法律法规标准体系。技术架构风险和观测点见表5-36。

表5-36　　　技术架构风险和观测点列表

序号	风险要素	观测点
1	IaaS层技术架构是否合理	1. 网络设施、服务器、存储设备、客户端设备及配套设施等物理安全 2. 计算机病毒和访问控制（物理访问+身份管理） 3. 密码系统 4. 虚拟机用户隔离 5. 数据存储、数据残留、多副本容错、数据位置定位 6. 数据迁移、备份与恢复
2	PaaS层技术架构是否合理	1. 分布式文件系统安全 2. 分布式数据库安全 3. 身份认证和访问安全 4. 档案海量数据的存储和管理、快速检索 5. 多用户并发及数据操作的同步性 6. 不安全接口和API
3	SaaS层技术架构是否合理	1. 多用户隔离安全 2. 身份认证和访问控制 3. 密钥管理 4. 档案用户权限树安全 5. 应用系统安全 6. 内部人员威胁

(四) 运维及治理架构

运维架构是指维护网络系统、操作系统、数据库环境、支撑平台和应用系统正常运行的技术能力。其目的是面向云数字档案馆的 IT 运行维护和技术支持人员，搭建一个统一的技术服务管理平台，提供系统管理、数据备份和 IT 服务等功能。而治理架构是指通过不断发现系统风险、不断适应档案信息资源业务滚动发展需要而持续改进 IT 架构。运维及治理架构的风险和观测点见表 5-37。

表 5-37　　　　运维及治理架构的风险和观测点列表

序号	风险要素	观测点
1	是否具有满足日常运行维护和安全保障系统运行的维护与管理架构	1. 软硬件平台监控和管理安全 2. 系统资源的可用性、配置和健康状况清晰 3. IT 环境可知可控 4. 档案信息资源真实、完整、可用、安全
2	是否有明确的 IT 治理框架模型	1. IT 治理目标明确 2. 具有系统滚动建设、业务连续性和灾难恢复规划 3. 可以保证信息资源有效利用 4. 风险管控到位 5. 遵从 IT 治理标准，如 ITIL、COBIT、ISO/IEC17799、PRINCE2。
3	是否有档案云治理体制	1. 高层领导主导、业务主管主导、IT 主管主导 2. 高层领导和业务主管联合 3. 高层领导和 IT 主管联合 4. 业务主管和 IT 主管联合
4	是否有档案云治理机制	1. 运行机制：风险控制、安全管理、云平稳落地 2. 动力机制：云绩效为焦点，评测和激励相关人员的运行、实施效率 3. 约束机制：云审计发现、问责、纠正
5	是否引入第三方认证和管理	1. 安全认证。采用标准化的技术手段和非技术手段来对档案云服务进行检测，找出漏洞，评估安全级别 2. 监管。实时监控档案云的运行情况，保证其在安全范围内运行

二 档案云平台构建

档案云平台构建是指在第五章第四节第一部分"档案云安全架构设计"的基础上，使用云计算，将组织运作、档案业务管理、信息服务集成在管理信息系统中，实现对云数字档案馆业务、云存储中心，以及云平台安全进行管理。

（一）业务系统功能的实现

业务系统的部署与实施是将档案资源管理的业务流程、业务活动和管理对象进行系统化匹配和用户化的过程，主要工作包括少量的二次开发、系统配置、数据装载、系统测试与试运行等。包括档案业务系统、数据库系统、信息开发、发布和利用系统、运行维护系统和制度文本库管理系统等。目的在于提供支撑档案资源管理各类职能活动开展的软件环境。业务系统功能实现的风险和观测点见表5-38。

表5-38　　业务系统功能实现的风险和观测点列表

序号	风险要素	观测点
1	是否有满足业务活动需求的系统	1. 面向组织管理和领导决策的运行管控、辅助决策支持系统 2. 面向档案管理的业务系统和长期保存系统。满足档案业务管理各项要求 3. 面向信息服务的档案信息资源开发、发布和利用系统。满足信息服务的业务需求 4. 面向IT部门的运行维护与管理系统。搭建统一的管理平台，提供相关的管理维护工具 5. 数据交换系统。各业务系统可以完成共享数据的交换。具有安全性、稳定性、扩展性和易用性，保证数据交换安全可靠高效 6. 制度文件库管理系统 7. 系统配置及管理系统。从档案资源分类方案、流程自定义、应用自定义、编码维护、用户及权限管理、保管期限处置、全宗信息管理等方面进行保障
2	系统是否基于应用支撑平台进行统一开发部署	各应用子系统应集成于门户系统中，统一单点登录和身份认证，统一安全管理，统一用户管理，统一用户界面等

续表

序号	风险要素	观测点
3	是否采用安全保障技术	身份鉴别、权限管理、安全审计、数字签名、数字水印、访问控制、残余信息保护、分布式数据同步更新、数据隔离、通信完整性与保密性、系统安全等级等
4	是否满足非功能性要求	集成性、系统性、扩展性、稳定性、安全性、易用性、可恢复性、法律法规遵从性

（二）云存储中心

云存储中心位于虚拟资源层（IaaS 层），要求存储资源能够被抽象表示和统一管理，并且能够保证数据读写操作的安全性、可靠性、吞吐率和响应速度等。[①] 其可以集中存储、分权限管理，执行统一的数据安全传输、数据安全存储和数据备份策略。云存储中心的风险和观测点见表 5-39。

表 5-39　　云存储中心的风险和观测点列表

序号	风险要素	观测点
1	是否建立云存储中心自动控制和安全管理系统	1. 环境的安全控制，包括温度、湿度、空气清洁度等的自动调节和报警提示 2. 存储设备的智能化控制 3. 存储空间的自动化管理 4. 访问控制：对地点和受限区域的访问，多重身份认证，如令牌方式和生物方式 5. 档案信息数据的迁移，可通过检测存储设施的寿命、可靠性和安全性，对不同安全保管级别的电子文件进行自动的迁移处理 6. 云存储存取的访问日志，可追溯、可审计 7. 数据仓储系统的容错、备份与恢复等安全机制和自动化管理工具，确保仓储系统中所有数据的安全、可靠和有效 8. 电源备份和火灾管理

---

① 参见袁庆、魏硕、朱怡豪《中小型会计师事务所管理云平台建设研究》，《中国注册会计师》2019 年第 1 期。

第五章　云数字档案馆安全运行的风险评估指标体系

续表

序号	风险要素	观测点
2	是否根据不同的数据分布方案建立数据存储区域	1. 本地局域网用户可访问的数据存储设备 2. 机构广域网用户可访问的数据存储设备 3. 互联网用户可访问的数据存储设备 4. 第三方云数据中心，可通过专线进行连接
3	存储载体的选择是否满足备份要求	1. 在线存储——高性能设备，保障用户访问速度最高或最活跃文件的存储要求 2. 近线存储——低成本设备，保障用户访问速度较高或较活跃文件的存储要求 3. 远线存储——移动存储介质，保障访问频率较低的电子文件的存储要求 4. 离线存储——磁带光盘等介质，永久保存和备份系统中的文件
4	是否可以存储不同种类、不同技术格式的档案资源	1. 文字、表单或格式化文件等文本类文件，可以是版式或流式文件，如 PDF、CEBx、OFD、RTF、XML、TXT、DOC、WPS 等技术格式 2. 图像类，可以是数码照片、数字化文件等静态或动态数字文件，格式可包括 TIF、JPEG、JPG、GIF、BMP、PNG 等 3. 图形类，可以是一般矢量文件、工程图纸或动画文件，格式可包括 DWF、DWG、DXF、AI、SVG 等 4. 音视频类和多媒体，文件通常较大需占用更多的存储空间，可以是 WAV、MP3、MID、WMA 或者 MPEG-2、MPEG-4、AVI、RM、WMV、FLV 等技术格式 5. 网页类和电子邮件，通常是多个不同格式文件的组合 6. 数据库文件、程序文件和应用软件等，通常是备份或收藏用
5	是否满足非功能性要求	集成性、系统性能、扩展性、稳定性、安全性、易用性、可恢复性、法律法规遵从性
6	来自云客户端的数据安全是否保证	1. 安全标记[①] 2. 数据加密处理 3. 密钥管理 4. 权限控制 5. 加密通道 6. 访问控制 7. 平台远程证明 8. 身份认证

---

① 参见张华、金正平《云计算数据安全方案及其应用》，科学出版社 2018 年版。

续表

序号	风险要素	观测点
7	云端数据安全是否保证	1. 数据可用性保护 2. 数据一致性保护 3. 数据完整性保护 4. 数据销毁证明 5. 数据完整性证明 6. 数据加密存储 7. 访问控制 8. 加密通信 9. 身份认证 10. 平台远程证明
8	档案信息数据库是否建设完整	1. 制度文本库，支撑标准、规范、制度管理功能的系统实现 2. 档案信息库，记录电子文件生命周期过程中各项业务活动过程信息的数据库，不仅应保存电子文件的元数据和内容信息，而且还存储了包括文件的形成、流转、固化、登记、封装、保存、鉴定、处置、审计、"四性"检查、格式转换及支撑系统运行的各类管理过程信息 3. 利用服务库，用于支持电子文件信息服务功能的系统建设，其中应存储面向用户的电子文件信息服务产品，包括编纂研究、开发成果及其访问授权等信息 4. 长期保存库，用于支持需要长期保存的电子文件的持续管理，其中存储了电子文件形成阶段产生的原始封装包、电子文件档案化管理产生的封装包 5. 数据交换库，用于支持不同网段、不同数据库之间的文件交换，如保障电子文件收集、归档、移交、分发等各种电子文件业务连续性的业务开展；也可作为收集移交电子文件后，电子文件应首先进入电子文件临时库中保存 6. 管理运行库，用于支持组织运行管控和辅助决策支持系统的实现 7. 电子文件格式数据库，用于支持系统对电子文件格式的有效性和过程性进行评估和判定，可通过集成第三方的数据实施 8. 系统数据库，用于支撑系统的整体运行，存储系统配置信息、用户信息、系统运行维护、备份、日志等相关信息

（三）云客户端安全控制

档案云客户端是指接入云端，提交或获取档案资源的智能设备与用户总称。前述研究的是档案云端通过各种技术手段，防范来自云客

第五章 云数字档案馆安全运行的风险评估指标体系

户端的入侵风险。但是作为档案安全云,其应该具有主动控制云客户端风险的能力。云客户端安全控制的风险和观测点见表 5-40。

表 5-40 **云客户端安全控制的风险和观测点列表**

序号	风险要素	观测点
1	是否推行云桌面安全管理	1. 云桌面集中可控 2. 云桌面数据备份 3. 云桌面管理系统补丁测试、自动补丁安装、回退机制 4. 云桌面行为审计
2	是否主动采用技术手段保护客户端不受木马、病毒和间谍软件的侵害	1. 杀毒软件 2. 打补丁 3. 沙箱机制 4. 云安全监测和防范

(四) 法规遵从与合规性

档案云平台的搭建,要在标准化的引导下建立尽可能完善的安全架构。合规是指需要提供云数字档案馆服务的组织不仅要遵循国际、政府、行业制定的各项法律、法规及相应的规章制度,还要遵循组织内部制定的各项规章制度、业务准则,通过第三方监管和审计,确保云数字档案馆的安全。法律遵从与合规性的风险和观测点见表 5-41。

表 5-41 **法律遵从与合规性的风险和观测点列表**

序号	风险要素	观测点
1	是否遵循国内或国际相关标准	档案云平台的国内外标准遵循,包括但不限于: 1. 网络安全类标准 2. CSA 云安全联盟标准 3. 中国云计算标准 4. 云存储标准 5. 云接口标准 6. 信息系统安全等级类标准 7. 云监管类法规标准

续表

序号	风险要素	观测点
2	是否遵循行业或机构内部标准	1. 档案行业相关标准 2. 机构内部战略方针、战略目标、组织管理制度、业务管理规范、服务章程、社会责任等
3	是否满足法律和合同遵循	1. 利益相关者的法律问题 2. 政府管理法案和制度对云服务、利益相关者和数据资源管理问题 3. 云服务相关合同约定以及终止后数据恢复等问题 4. 法律与合同团队建立
4	是否有第三方监管与审计	1. 资质合格的第三方监管部门 2. 依据国家相关文件，开展物理审计、网络审计、数据审计、日志审计 3. 审计师资质、选择标准 4. 审计模型，包括但不限于[①]： （1）审计对象模型 （2）审计数据模型 （3）审计数据分析模型 （4）审计程序模型 （5）审计工作底稿模型 （6）审计证据模型 （7）审计报告模型 （8）审计疑点模型 （9）审计处理模型 （10）审计管理模型 5. 审计的自动化、智能化，发掘隐藏在深层的问题

三　档案云运行的维护与治理

系统架构设计的目的是将构建和维护所需的人力资源降到最低。在档案云中，最重要的资产是档案数字资源，要维护其真实、完整、有效、可信，就必须维护和治理其依赖的软硬件环境，从而确保档案云安全。

（一）运行维护

运行维护是指云数字档案馆技术部门对 IaaS、PaaS、SaaS 层的基础资源、软件支撑环境和应用系统进行维护和管理，创建一个可知可

[①] 参见杨欢《云数据中心构建实战——核心技术、运维管理、安全与高可用》，机械工业出版社 2014 年版。

第五章 云数字档案馆安全运行的风险评估指标体系

控的IT环境,保证云数字档案馆系统的可靠、高效、持续、安全运行,保证档案信息资源真实、完整、可用、安全。同时通过运维服务,可以发现问题,收集新的需求,为系统的进一步提升改进提供依据。运行维护的风险和观测点见表5-42。

表5-42　　　　　　运行维护的风险和观测点列表

序号	风险要素	观测点
1	是否具有安全保障体系建设	1. 信息安全监测评测体系 2. 安全技术防范与管理体系 3. 突发事件应急预案和快速响应机制
2	是否有运行维护的制度	1. 运维服务对象:应用系统、基础环境、网络平台、硬件平台、软件平台、数据等 2. 运行维护内容:根据签署的SLA协议,提供用户满意的运维服务 3. 运维服务流程 4. 运维服务制度规范 5. 运维服务交付
3	是否具有运维技术服务平台	1. 运维的工具和手段 2. 技术手段固化标准化流程 3. 管理运维知识库
4	是否有运行维护服务流程	1. 现场值守技术维护服务流程 2. 定期巡检和故障解除维护服务流程,包括事件管理、问题管理、变更管理、配置管理等
5	是否有运行服务规划	1. 确定运行维护模式:自主维护、部分外包和完全外包 2. 从策划、实施、检查、改进四个方面进行运行维护,包括但不限于: (1) 运行维护服务战略、服务设计、服务转换及服务运营 (2) 运行维护服务过程控制 (3) 运行维护服务改进 (4) 运行维护应急响应(应急准备、监测与预警、应急处置和总结改进) (5) 运行维护服务交付(交付管理、交付内容、交付方式和交付成果) 3. 管理体系监督、测量、分析和评审,以及实施改进

续表

序号	风险要素	观测点
6	是否有运行维护组织和队伍	1. 信息主管最高领导 2. 运行维护领导小组 3. 运行维护实施小组
7	是否具有运维审计	1. 运维用户权限控制（身份认证、授权、管理、审计有机结合） 2. 网络环境、安全事件、网络活动监控，集中报警、记录、分析、处理 3. 运维人员操作的事前预防、事中控制、事后审计

（二）技术支持

技术支持是指技术部门依据运行维护规划，为云数字档案馆的正常运营提供技术支持服务，通过跟踪技术发展，及时调整系统配置，借助技术服务平台自动巡查，及时发现存在的安全隐患，对用户进行技术指导，从而正确地使用系统和资源，确保云数字档案馆的健康运行。技术支持的风险和观测点见表5-43。

表5-43　　　　技术支持的风险和观测点列表

序号	风险要素	观测点
1	是否按照运维规划，提供有效的技术支持服务	1. 关键设备运行状态、健康状态及故障情况 2. 设备详细的配置状态说明 3. 硬件更换维修计划 4. 软件运行状态 5. 资产统计：网络+硬件+软件+其他 6. 网络运行分析 7. 重要敏感核心数据巡查和服务 8. 技术支持服务规范+问题记录规范
2	是否跟踪技术发展，降低系统运行风险	1. 新技术发展跟踪：网络计算机和存储设施，数据库管理系统，最新IT技术的发展与应用 2. 各类系统、工具和IT架构进行发展适应性和淘汰性分析和研究 3. 调整、改进或替换的建议方案

第五章 云数字档案馆安全运行的风险评估指标体系

续表

序号	风险要素	观测点
3	是否建立档案业务系统使用的用户沟通与反馈机制，进行技术指导	1. 技术咨询服务方案 2. 系统用户操作的知识问答 3. 使用指南 4. 操作流程

（三）治理改进

IT运维治理是指云数字档案馆技术部门通过检查系统运行环境，发现潜在问题、风险和漏洞，采取措施实施改进，保障IT架构的适应性和档案管理业务系统的滚动发展与建设，促使IT效益最大化。治理改进的风险和观测点见表5-44。

表5-44　　　　治理改进的风险和观测点列表

序号	风险要素	观测点
1	是否制定IT系统完善和新旧更替的策略和计划	现有信息化建设和应用水平评估和改进计划，包括但不限于： （1）软硬件技术发展 （2）档案管理业务要求变化 （3）用户信息服务需求变化 （4）IT进化
2	是否具有风险应对能力	1. 发现问题和风险 2. 规范列出问题和风险清单 3. 制定规避风险的策略和改进的措施
3	是否具有IT服务改进能力	1. 运行维护服务战略改进 2. 服务设计改进 3. 服务转换改进 4. 服务运营改进 5. IT系统持续改进

第五节 风险评估指标类别和评价标度设计

一 筛选性指标

筛选性指标是用于终止评估活动的否决性指标，筛选性指标仅适用于检查评估和认证评估，筛选性指标详见表5－45。

表5－45　云数字档案馆风险评估的筛选性指标列表

序号	指标名称	指标说明
1	无机构层面确定的领导体制、运行机制和工作体系	从机构全局角度建立领导体制，明确主管领导、组织体系、运作机制和工作体系
2	无开展云数字档案馆管理工作的牵头部门和协作机制	无明确牵头责任部门，以及建立责任追查制度和协同工作机制
3	无合规的云数字档案馆管理相关系统	通过专业测评机构测试或认可的数字档案馆管理系统
4	缺乏开展数字档案管理的必备资源	应具备必需的人员、资金、设施、存储、网络和系统等公共设施资源
5	无专门支持数字档案管理的技术服务部门	缺乏具有面向电子文件管理业务的系统架构和IT服务人员，专门解决电子文件管理活动中的技术支持工作
6	云数字档案馆的管理工作尚未覆盖四大职能域	岗位和人员的设置应覆盖组织保障、档案业务管理、信息服务和技术实现四大职能域

二 评估性指标总体框架

本书利用层次分析法的思想，以模块化、多层次的方式设计了完整的评价指标体系，分为总目标层、准则一层、准则二层、方案层。这是一个围绕云数字档案馆风险评估的总目标，是可模块化使用的测评工具，可由不同知识结构的专业人员分模块进行测评，为云数字档案馆运营方自评估、监理第三方评估提供一个识别风险的客观标准。云数字档案馆风险评估指标体系架构见图5－1。

第五章 云数字档案馆安全运行的风险评估指标体系

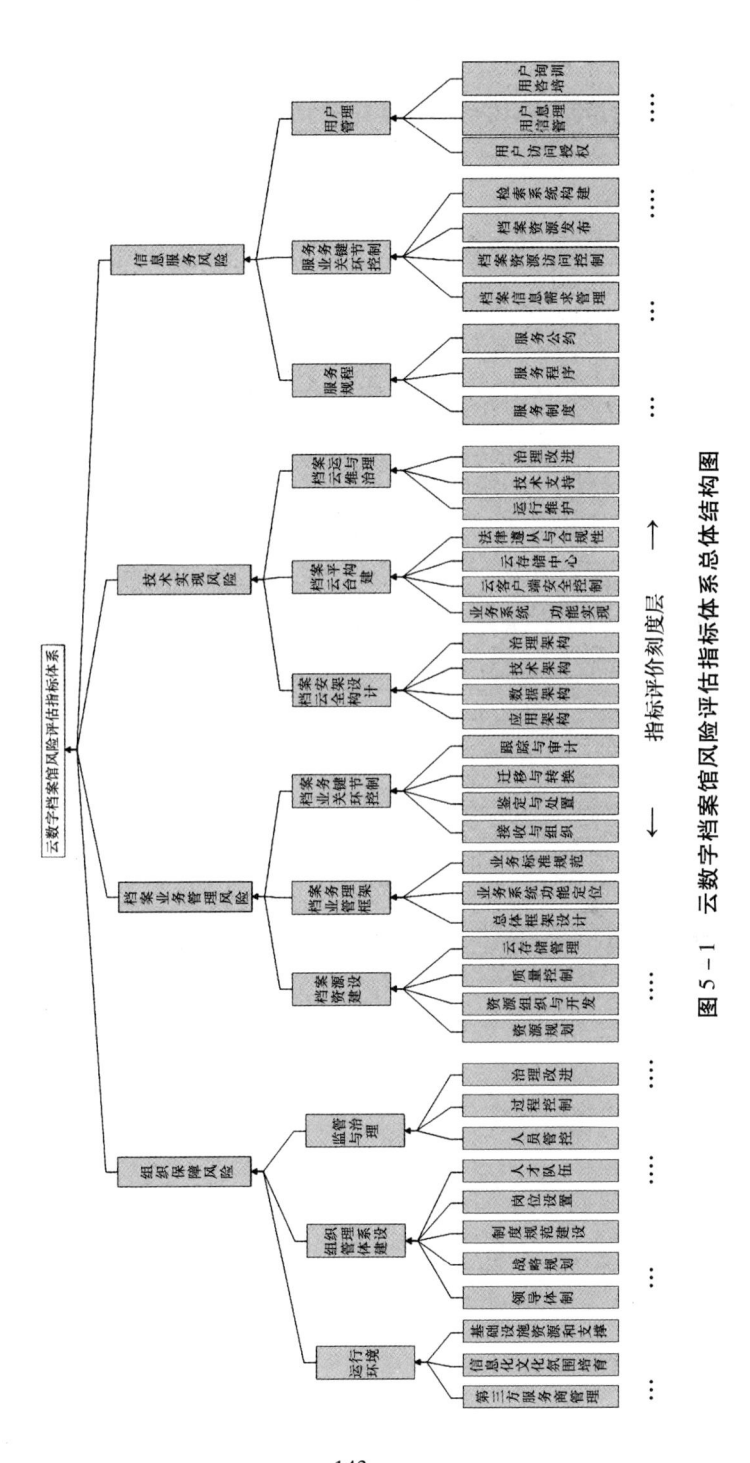

图 5-1 云数字档案馆风险评估指标体系总体结构图

三 评价标度设计

本章第一节至第四节从组织管理运作、档案业务服务、信息服务、技术实现四个模块，详细分析了云数字档案馆运行风险指标的定义和评价观测点。借鉴"全国示范数字档案馆"系统测试指标表的思想，可以从评价观测点，设计评价的刻度，为后续的量化计算奠定基础。

风险评价刻度等级包括非常高、高、中等、低、非常低，对应的量化刻度见表5-46。

表5-46　　　　　　　　风险评估标度值列表

分值	等级	风险情况
100	非常高	该风险发生的可能性极大，实际情况难以避免
85	高	该风险发生的可能性较大，在大多数情况下可能发生
70	中等	该风险发生的可能性一般，实际运作中较为常见
60	低	该风险发生的可能性较低，在很少情况下会发生
50	非常低	该风险发生的可能性极低，在实际情况中几乎不会发生

第六章 云数字档案馆风险评估指标权重数据获取

本章重点从风险评价指标的数据处理方法和数据预处理等方面进行研究，提出需要进行数据预处理的一些调查表、问卷调查和数据预处理的方法，为后续进行风险评估指标权重的确定奠定基础。

第一节 指标权重数据调查表设计

本书采用层次分析法对指标赋权。准则层1、准则层2、方案层指标权重获取的问卷示例见表6-1、表6-2、表6-3。

表6-1　　　　准则层1对其总目标的权重专家调查表

指标＼总目标	重要程度（每指标只选一项）				
	极重要	很重要	重要	一般	不重要
组织保障风险 U_1					
档案业务管理风险 U_2					
信息服务风险 U_3					
技术实现风险 U_4					

表6-2　　　　准则层2对准则层 U_1 的权重调查表

指标＼U_1	重要程度（每指标只选一项）				
	极重要	很重要	重要	一般	不重要
运行环境 U_{11}					

续表

指标 \ U₁	重要程度（每指标只选一项）				
	极重要	很重要	重要	一般	不重要
组织管理体系建设 U₁₂					
监管与治理 U₁₃					

表6-3　方案层对准则层2下U₁₁的指标权重调查表

指标 \ U₁	重要程度（每指标只选一项）				
	极重要	很重要	重要	一般	不重要
第三方服务商管理 U₁₁₋₁					
文化氛围培育 U₁₁₋₂					
基础保障资源和软件支撑平台的完备性 U₁₁₋₃					

以此类推，最后确定完整的指标权重问卷调查表。采用不同的下标表示其隶属的关系。专家只需要根据经验对指标的重要性打钩即可。每个指标只填一个选择项。

第二节　指标权重咨询专家的选择和问卷发放

为使获得的数据比较客观，在选择专家时要考虑：（1）尽量使所调查的专家覆盖不同行业、机构、层次，使数据反映比较全面；（2）考虑从事技术、经济、行业管理等领域，比例掌握合理；（3）为使数据有效，专家选择要有一定规模，一般在20—50名，本次数据采集共调查了40名专家，问卷回收40份。

第三节　权重数据预处理和合理性分析

数据在使用之前，需要先对其可靠性、有效性等进行检验，以保证在后续的分析应用中结果是正确的，其中回收率、覆盖率、分布特征差异等指标是检验的基本参数。①

回收率：指回收的调查表、问卷占发放总数的比例。本次调查问卷共发出 40 份，回收 40 份，回收率 100%。

覆盖率：指针对领域、部门、单位性质等主要指标，回收调查表、问卷的覆盖率。本次调查问卷涉及 4 个研究方向——组织保障、档案业务管理、信息服务、技术实现。选择了管理学、档案管理学、图书情报学、信息科学等不同类型的机构和专家，回收问卷覆盖率为 100%。

分布特征差异：指针对领域、机构、地域性质等主要指标，原调查对象的分布特征与回收的调查表、问卷的分布特征的差异。设调查对象的变量 X 按某指标分为 n 类，每类占总数的比例为 a1，a2，…，an，而回收信息的相应比例为 b1，b2，…，bn，分布特征差异系数为：

$$C = (1/n) \sum |ai - bi|$$

i 是 1 到 n 之间的任何自然数。

统计合理性：对所采用的数据进行统计分析，以保证数据的有效性及合理性。

一 权重数据采集涉及行业机构的合理性分析

围绕本项目研究重点，本书选择了 4 个研究方向、40 位不同机构的咨询专家进行咨询，完成了数据采集。研究方向统计见表 6-4，机构特点统计见表 6-5，专业技术职称统计见表 6-6。

表 6-4　　　　权重咨询专家的研究方向统计表

		Frequency	Percent	Valid Percent	Cumulative Percent
Valid	图书情报	9	22.5	22.5	22.5
	IT 技术	9	22.5	22.5	45.0
	管理学	10	25.0	25.0	70.0
	档案现代化管理	12	30.0	30.0	100.0
	Total	40	100.0	100.0	

---

① 参见王莲芬、许树柏《层次分析法引论》，中国人民大学出版社 1990 年版。

表6-5　　　　权重咨询专家所属机构的特点统计表

		Frequency	Percent	Valid Percent	Cumulative Percent
Valid	图书馆	5	12.5	12.5	12.5
	科研机构	6	15.0	15.0	27.5
	大学	16	40.0	40.0	67.5
	企业	5	12.5	12.5	80.0
	档案馆	8	20.0	20.0	100.0
	Total	40	100.0	100.0	

表6-6　　　　权重咨询专家的专业技术职称统计表

		Frequency	Percent	Valid Percent	Cumulative Percent
Valid	研究员	11	27.5	27.5	27.5
	副研究员	11	27.5	27.5	55.0
	教授	7	17.5	17.5	72.5
	副教授	7	17.5	17.5	90.0
	讲师	4	10.0	10.0	100.0
	Total	40	100.0	100.0	

从上述分析数据看，回收的问卷信息保证了较高的回收率和覆盖率，在专家职称、研究方向、机构属性方面，保证了数据的合理性、权威性。即本次调查数据合理，所回收的问卷真实地反映了调查对象的实际状况，可以据此进行可信的数据分析。

二　专家可信度权重分布分析

在本次问卷调查回收的40份问卷中，附带有专家对评价指标体系不同模块的熟悉程度的自我判定，非常熟悉填1，熟悉填0.85，比较熟悉填0.7，不熟悉填0.3，针对四个模块，不同机构的专家可信度权重统计结果见表6-7、表6-8、表6-9、表6-10。经统计表明：在5个不同机构中，比较熟悉以上的专家，组织保障风险模块占85%，档案业务管理风险模块占82.5%，信息服务风险模块占95%，技术实现风险模块占65%。可见咨询专家意见的置信度较高。

第六章 云数字档案馆风险评估指标权重数据获取

表6-7 组织保障风险模块不同机构专家的可信度统计表

		机构特点					Total
		图书馆	科研机构	大学	企业	档案馆	
组织保障风险	非常熟悉	0	2	4	1	3	10
	熟悉	4	2	3	1	5	15
	比较熟悉	1	2	4	2	0	9
	不太熟悉	0	0	5	0	0	5
	不熟悉	0	0	0	1	0	1
	Total	5	6	16	5	8	40

表6-8 档案业务管理风险模块不同机构专家的可信度统计表

		机构特点					Total
		图书馆	科研机构	大学	企业	档案馆	
档案业务管理风险	非常熟悉	1	2	3	0	6	12
	熟悉	2	1	6	0	2	11
	比较熟悉	1	2	3	4	0	10
	不太熟悉	1	1	4	1	0	7
	Total	5	6	16	5	8	40

表6-9 信息服务风险模块不同机构专家的可信度统计表

		机构特点					Total
		图书馆	科研机构	大学	企业	档案馆	
信息服务风险	非常熟悉	0	1	4	1	3	9
	熟悉	2	2	3	1	5	13
	比较熟悉	3	3	7	3	0	16
	不太熟悉	0	0	2	0	0	2
	Total	5	6	16	5	8	40

表6–10　技术实现风险模块不同机构专家的可信度统计表

		机构特点					Total
		图书馆	科研机构	大学	企业	档案馆	
技术实现风险	非常熟悉	0	2	3	1	0	6
	熟悉	1	2	3	2	2	10
	比较熟悉	2	2	3	0	3	10
	不太熟悉	2	0	5	2	3	12
	不熟悉	0	0	2	0	0	2
	Total	5	6	16	5	8	40

三　权重数据的预处理方法

为了采用一定的数学方法对采集的原始数据进行计算和分析，需要将专家填写的问卷评分转变成数学语言，对原始数据进行预处理。

针对层次分析法，需要将专家对指标重要程度认同进行确认，按照层次分析法（AHP）的九级标度转化成表6–11，表6–12的格式。用两两比较法确定权重的标度及其意义描述，见表6–13。

表6–11　准则层指标对总目标的权重的专家打分表

总目标	U_1	U_2	U_3	U_4
U_1				
U_2				
U_3				
U_4				

表6–12　准则层U1对"组织保障风险"的权重专家打分表

U_1 指标	U_{11}	U_{12}	U_{13}
U_{11}			
U_{12}			
U_{13}			

以此类推可以形成全部指标体系的逐级调查打分表。

表 6-13　　　　　　　权重的标度和意义列表①

标度	意义	标度	意义	备注说明
1	xi 与 xj 同等重要			
3	xi 比 xj 稍重要	1/3	xi 比 xj 稍不重要	(1) xi、xj 为同一层次的两个指标
5	xi 比 xj 明显重要	1/5	xi 比 xj 明显不重要	(2) 相对上层某个评价指标进行判断
7	xi 比 xj 重要得多	1/7	xi 比 xj 不重要得多	(3) 需要对两个判断进行折中
9	xi 比 xj 绝对重要	1/9	xi 比 xj 绝对不重要	
2, 4, 6, 8	两相临判断的中值	1/2, 1/4, 1/6, 1/8	两相临判断的中值	

注：(1) 表 6-11、表 6-12 正对角线上的数据全为 1。数据只需填写表 6-11、表 6-12 的上三角部分，下三角部分与上三角存在倒数对应关系。

(2) 采用表 6-13 的比较法，对指标进行两两比较，对比后权重记为 a_{ij}，以此类推。

(3) 将上述方法确定的权重填入表 6-7、表 6-8。

准则层指标对总目标的权重的专家打分示例见表 6-14。

表 6-14　　　　准则层指标对总目标的权重的专家打分
数据表（如专家 N）

总目标	U_1	U_2	U_3	U_4
U_1		1	2	2
U_2			2	2
U_3				1
U_4				

以此类推，可以形成不同层次指标的专家打分数据表，为后续的数据处理做预先准备。

---

① 参见王莲芬、许树柏《层次分析法引论》，中国人民大学出版社 1990 年版。

第七章 云数字档案馆风险评估指标权重确定

在多指标的综合评估问题中,各个指标对于评估总目标的影响和作用的重要程度不同。为了正确反映这一客观事实,需要对指标赋权。加权理论在国内外都有广泛的应用和研究。

本书采用层次分析法(AHP)确定指标权重。根据咨询专家对评价事物的熟悉程度,确定专家意见可信度的权重,作为分析专家意见的参考,咨询专家可信度权重见表 3 – 4。

第一节 层次分析法原理

层次分析法[①](Analytic Hierarchy Process,AHP)是由美国学者 Saaty 在 20 世纪 70 年代提出的一种多目标决策分析方法。它把影响被评对象的各种错综复杂的因素按照相互作用、影响及隶属关系划分成有序的递阶层次结构。根据对一定客观现实的主观判断,对相对于上一层次的下一层次中的因素进行两两比较,然后经过数学计算及检验,获得最低层相对最高层的相对重要性权数并进行排序。这一方法用于评价指标赋权时,有其独特作用。其基本思想是:首先建立有序的递阶指标系统,然后主观地将指标两两比较,构造判断矩阵,最后根据判断矩阵进行数字处理及一致性检验,即可获得各指标的相对重

---

① 参见王莲芬、许树柏《层次分析法引论》,中国人民大学出版社 1990 年版。

要性权数。

（一）对指标进行两两比较，构造判断矩阵

判断矩阵是同一层次中的各评价指标的相对重要性的判别值，它是由若干专家根据一定客观现实所做出的主观判断。层次分析法在确定两个指标间的相对重要性程度时引入九分位的比例标度，使任何一对指标根据专家意见都可以形成一个判断值。全部 n 个指标对比后，形成一个判断矩阵 A，如表 7－1。

表 7－1　　　　　　　　　　判断矩阵 A

指标	x1	x2	...	xn
x1	a11	a12		a1n
x2	a21	a22		a2n
...	...	...	...	...
xn	an1	an2		ann

矩阵 A 中元素 b_{ij} 表示对指标 x_j 的相对重要程度的两两比较值，a_{ij} 用 1—9 之间的 9 个数字或其倒数表示。a_{ij} 越大，表示指标 x_i 比 x_j 越重要。具体见表 6－9。

从上述分析看，很明显有：

　　　　aij＞0，　　aii＝1，　　aij＝1/aji，　　i, j＝1, 2, ..., n

这表明，每次构造判断矩阵时，只需做 n（n－1）/2 次判断即可。

（二）计算各指标的权数

形成判断矩阵 A 后，可以方便地计算各层指标的权重，其中根法、和法、特征根法都是常用的方法。

1. 和法

设 n 阶判断矩阵 A 为：A＝（a_{ij}）nxn　　（i＝1, ..., n, j＝1, ..., n)　　　　　　　　　　　　　　　　　　　　　（公式 7－1）

将 A 元素按列归一化：$b_j = aij / \sum_{k=1}^{n} a_{kj}$　（k＝1, ..., n, j＝1, ..., n）

（公式7-2）

归一化的各列相加，其结果除以该层指标个数 n，得权重：

$$W_j = (\sum_{j}^{n} b_j)/n \quad (j = 1,2,\cdots,n) \quad （公式7-3）$$

2. 根法

将 A 的各列元素连乘并开 n 次方，即求各行元素的几何平均值。

$$bi = \sqrt[n]{\prod_{j=1}^{n} a_{ij}} \quad (i = 1, \cdots, n) \quad （公式7-4）$$

$$W_i = b_i / \sum_{j}^{n} b_j \quad (i = 1,2,\cdots,n, j = 1,2,\cdots,n)$$

（公式7-5）

3. 特征根法

层次分析法的原理表明，判断矩阵 A 的最大特征根所对应的特征向量就是各指标的权数向量。因此，计算各指标的权数就归结为求矩阵 A 的最大特征根所对应的特征向量。见公式7-6：

$$|A - \lambda_M I| = 0 \quad （公式7-6）$$

式中 I 为单位矩阵，W = （W1，W2，…，Wn）^{T}，λ_M 为 A 矩阵的最大特征根，而 λ_M 对应的特征向量就是权重向量。考虑如果指标的数量多，直接求解会很麻烦，一般采用根法或和法。

（三）对判断矩阵进行一致性检验

用层次分析方法给指标赋权的重要前提是专家对各指标的相对重要程度的判断要协调一致，不要出现相互矛盾的现象。所以用该法确定指标权重时，要检验判断矩阵的一致性。判断矩阵 A 具有一致性的条件是矩阵 A 的最大特征根 λ_{max} 等于指标的个数。据此可设置一致性检验指标 CI 和 CR 来检验判断矩阵 A 偏离一致性的程度。

第一步，用权数向量 W =（w1，w2，…，wn）^{T} 右乘判断矩阵 A，得一个 n 阶列向量 AW，再按公式：

第七章 云数字档案馆风险评估指标权重确定

$$\lambda_{max} = 1/n \sum_{i}^{n} (AW)_i / W_i \quad (i = 1, 2, \cdots, n) \quad （公式7-7）$$

可求得判断矩阵 A 的最大特征根 λ_{max}（AW）i 代表列向量 BW 的第 i 个分量。

第二步，计算衡量判断矩阵偏离一致性的指标 CI，见公式：

$$CI = (\lambda_{max} - n) / (n - 1) \quad （公式7-8）$$

第三步，从公式 6-7 可以看出，一致性指标 CI 与指标个数 n 有关。为得到不同指标个数均适用的检验一致性标准，还需计算随机一致性比率 CR：

$$CR = CI/RI \quad （公式7-9）$$

式中 RI 为随机一致性标准值，见表 7-2。

表 7-2　　　　　　　　随机一致性标准值列表

n	1	2	3	4	5	6	7	8	9	10	11	12	……
RI	0.00	0.00	0.58	0.94	1.12	1.24	1.32	1.41	1.45	1.49	1.52	1.54	……

当 CR < 0.1 时，一般认为判断矩阵 A 具有满意的一致性，否则需要调整判断值，直到通过一致性检验为止。

第四步，综合各层次的权数，求出各指标的最终权数。假定中间层相对于最高目标有 m 个因素，它们的权数分别为 b1，b2，…，bm，而第 I 个中间层因素包含 pi 个评价指标，它们的权数分别为 w1i，w2i，w3i，…，wp$_i$i，p = $\sum$ pi(i = 1,…,m)。则指标中各评价指标相对于目标的权数为：

$$W_i = \sum_{j=1}^{m} w_{ij} b_j \quad (i = 1, 2, \cdots, p, j = 1, 2, \cdots, m)$$

（公式7-10）

第五步，总的一致性检验。设中间层第 i 个因素的一致性指标为 CIi，随机一致比率为 CRi，则总的随机一致性指标为：

$$CR_{总} = \sum_{j=1}^{m} b_j CI_j / \sum_{j=1}^{m} b_j CR_j \qquad （公式7-11）$$

如果 $CR_{总}<0.1$，则认为各评价指标的最终权数的确定具有合理性。

以上介绍的是只有一个专家的简单情况，实际上往往有多位专家参加，所以应按照上述步骤分别通过一致性检验，运用几何平均法或算术平均法将各专家确定的权数综合平均以得到反应各评价指标的相对重要性权数。

第二节 数据规范化处理

针对问卷调查的数据，需要对专家对指标重要程度认同进行确认，按照层次分析法（AHP）的九级标度见表6-13和表6-11、表6-12格式转化成能够进行数据分析的规范化数据。调查表与层次分析法的九级标度对应见表7-3。

表7-3　　　　　　　　数据规范化对应表

指标Ui 比指标Uj	转化标准	量化值
极端重要	级差8，比如非常高与非常低	8
强烈重要	级差6，比如非常高与低	6
较强重要	级差4，比如非常高与中等	4
稍微重要	级差2，比如非常高与高	2
同等重要	级差0，比如非常高与非常高	1

据此，可以得到不同层的40个专家的数据转化后的标准数据。考虑40个样本数据量太多，因此仅以一个专家意见数据的整理和计算为例，其他有关数据按照同样方法进行。

第三节 专家判断矩阵形成

根据表7-3的数据规范化对应表，可以形成40个专家对不同指标层级的判断矩阵。采用Yaahp软件可以把40个专家的判断矩阵输入其专家群策系统，作为后续求取权重和分析判断矩阵一致性的依据。

设判断矩阵为A_{Kp}（k表示专家代码取值1—40，p表示指标变量，U代表总目标）。仅仅专家1的反馈结果，以目标层、准则层、子准测层为例，形成该专家的判断矩阵见图7-1。对角线都是1，以对角线为中心，矩阵两边的数据互为倒数。该专家其他层级指标的判断矩阵可以按照上述原则形成。

$$A_U = \begin{bmatrix} 1 & 2 & 4 & 4 \\ 1/2 & 1 & 2 & 2 \\ 1/4 & 1/2 & 1 & 1 \\ 1/4 & 1/2 & 1/2 & 1 \end{bmatrix} \quad A_{U1} = \begin{bmatrix} 1 & 1/8 & 1/6 \\ 8 & 1 & 2 \\ 6 & 1/2 & 1 \end{bmatrix}$$

$$A_{U11} = \begin{bmatrix} 1 & 2 & 4 \\ 1/2 & 1 & 2 \\ 1/4 & 1/2 & 1 \end{bmatrix} \quad A_{U12} = \begin{bmatrix} 1 & 4 & 1/2 & 1 & 1 \\ 1/4 & 1 & 1/6 & 1/4 & 1/4 \\ 2 & 6 & 1 & 2 & 2 \\ 1 & 4 & 1/2 & 1 & 1 \\ 1 & 4 & 1/2 & 1 & 1 \end{bmatrix}$$

图7-1 专家1判断矩阵示例图

据此，可以分别形成40个专家的判断矩阵。

第四节 指标权重值确定

利用Yaahp软件，将上述40个专家的判断矩阵输入该软件系统，可以得到全套指标的权重。Yaahp软件输出的指标体系层级图及权重分配数值见图7-2。为了清晰可见，权重数据摘录后见表7-4。

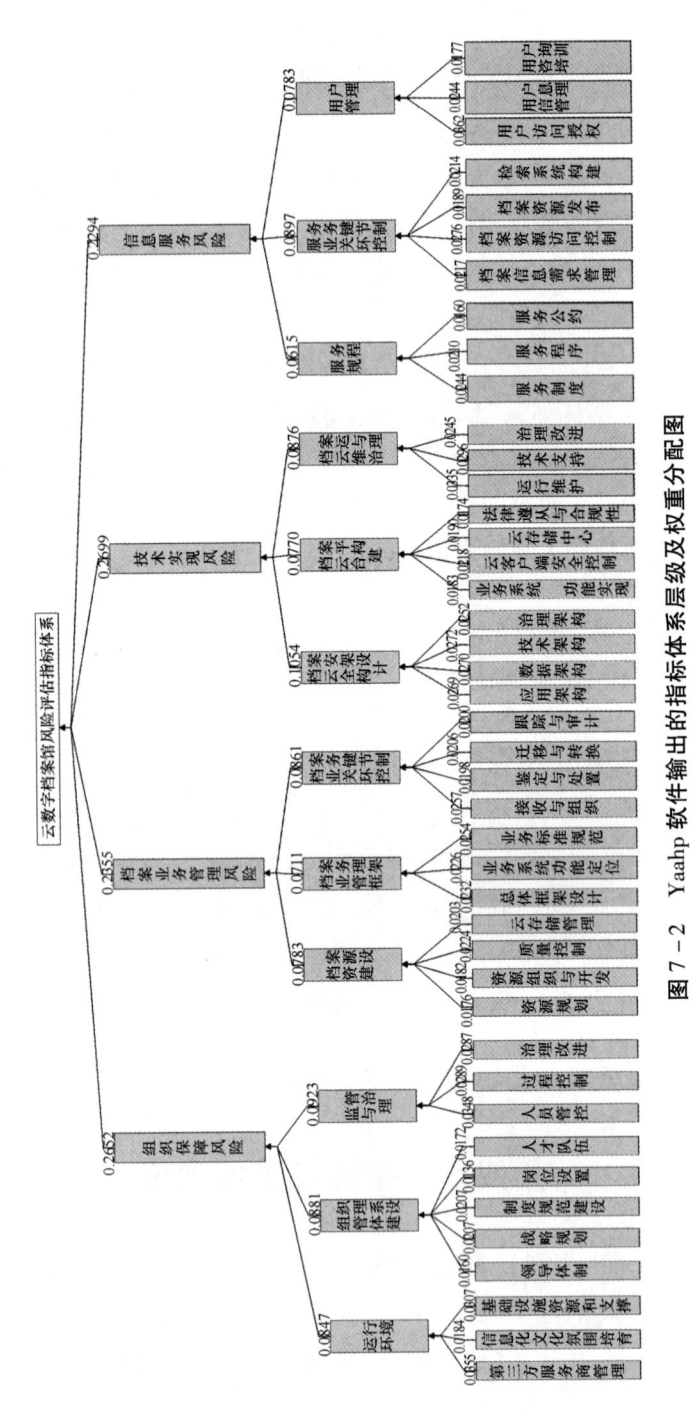

图7-2 Yaahp软件输出的指标体系层级及权重分配图

表 7-4　　　　　Yaahp 软件计算的指标权重汇总表

准则层1	权重	准则层2	权重	方案层	权重
组织保障管理风险 U_1	0.2652	运行环境 U_{11}	0.0847	第三方服务商管理 U_{11-1}	0.0355
				档案信息化管理的文化氛围培育 U_{11-2}	0.0184
				基础设施资源和软件支撑平台的完备性 U_{11-3}	0.0307
		组织管理体系 U_{12}	0.0881	领导体制 U_{12-1}	0.0160
				战略规划 U_{12-2}	0.0207
				管理制度建设 U_{12-3}	0.0207
				岗位设置 U_{12-4}	0.0136
				人才队伍建设 U_{12-5}	0.0172
		运行管控 U_{13}	0.0923	人员管控 U_{13-1}	0.0348
				过程管控 U_{13-2}	0.0289
				需求变化管控 U_{13-3}	0.0217
				治理改进 U_{13-4}	0.0287
档案业务管理风险 U_2	0.2355	档案数字资源建设 U_{21}	0.0783	资源规划 U_{21-1}	0.0176
				档案资源组织与开发 U_{21-2}	0.0181
				质量控制 U_{21-3}	0.0224
				云存储管理 U_{21-4}	0.0203
		业务架构 U_{22}	0.0711	总体框架设计 U_{22-1}	0.0232
				应用系统功能定位 U_{22-2}	0.0226
				业务标准规范 U_{22-3}	0.0254
		档案业务关键环节控制 U_{23}	0.0861	接收与组织 U_{23-1}	0.0257
				鉴定与处置 U_{23-2}	0.0198
				迁移与转化 U_{23-3}	0.0206
				跟踪与审计 U_{23-4}	0.0200
信息服务风险 U_3	0.2294	服务规程制定 U_{31}	0.0615	服务制度 U_{31-1}	0.0244
				服务程序 U_{31-2}	0.0210
				服务公约 U_{31-3}	0.0160

续表

准则层1	权重	准则层2	权重	方案层	权重
		服务业务关键环节控制 U_{32}	0.0897	档案资源访问控制 U_{32-1}	0.0276
				档案信息需求管理 U_{32-2}	0.0217
				档案信息发布 U_{32-3}	0.0189
				检索系统构建 U_{32-4}	0.0214
		用户管理 U_{33}	0.0783	用户访问授权 U_{33-1}	0.0362
				用户信息管理 U_{33-2}	0.0244
				用户咨询培训 U_{33-3}	0.0177
技术实现风险 U_4	0.2699	档案云安全架构设计 U_{41}	0.1054	应用架构 U_{41-1}	0.0259
				数据架构 U_{41-2}	0.0270
				技术架构 U_{41-3}	0.0272
				运维及治理架构 U_{41-4}	0.0252
		档案云平台构建 U_{42}	0.0770	业务系统功能实现 U_{42-1}	0.0188
				云存储中心 U_{42-2}	0.0190
				云客户端安全控制 U_{42-3}	0.0218
				法规遵从与合规性 U_{42-4}	0.0174
		档案云运行维护与治理 U_{43}	0.0876	运行维护 U_{43-1}	0.0335
				技术支持 U_{43-2}	0.0296
				治理改进 U_{43-3}	0.0245

第五节 指标一致性检验

偏差一致性指标CI取40个专家数据的算术平均值，RI取值根据判断矩阵的阶数（参见表7-3）。随机一致性比率为CR＝CI/RI。Yaahp软件输出的数据见表7-5、表7-6。

表7-5　　　　　　　　　第一准则层CI数据表

准则层要素	权重
技术实现风险	0.2699
组织保障风险	0.2652
档案业务管理风险	0.2355
信息服务风险	0.2294

注：第1个准则层中要素对决策目标的排序权重，组合一致性比例：0.0002（计算结果集结，CI = 各专家相应CI加权平均）

表7-6　　　　　　　　　第二准则层CI数据表

准则层要素	权重
档案云安全架构设计	0.1054
监管与治理	0.0923
服务业务关键环节控制	0.0897
组织管理体系建设	0.0881
档案云运维与治理	0.0876
档案业务关键环节控制	0.0861
运行环境	0.0847
档案资源建设	0.0783
用户管理	0.0783
档案云平台构建	0.0770
档案业务管理框架	0.0711
服务规程	0.0615

注：第2个准则层中要素对决策目标的排序权重，组合一致性比例：0.0008（计算结果集结，CI = 各专家相应CI加权平均）

（1）第一准则层面向总目标，CR = CI/RI = 0.0002/0.94 = 0.00021277 < 0.1，该层评价指标的最终确定满足一致性检验；（2）第二准则层面向总目标，CR = CI/RI = 0.0008/1.54 = 0.00051948 < 0.1，该层评价指标的最终确定满足一致性检验。因此，整套体系满足总体一致性检验。

第六节　专家形成的指标权重数据特点分析

考虑咨询专家的研究方向、所处行业不同，对本项目研究的熟悉程度也不同，本书特选取了有代表意义的，在问卷中对组织管理、档案现代化管理、信息服务、IT技术勾选熟悉或很熟悉，可信度高，职称是正高，以在公司、档案馆、管理机构、大学的专家作为例子，分析他们在第一准则层判断指标权重的特点。咨询专家选取的原则见表7-7。

表7-7　　　　权重数据特点分析的专家选择一览表

专家代号	熟悉程度	职称	所属机构和研究方向
ID-1	组织管理——很熟悉 档案管理——很熟悉 信息服务——很熟悉 技术实现——很熟悉	正高	管理机构，IT技术
ID-2	组织管理——很熟悉 档案管理——很熟悉 信息服务——很熟悉 技术实现——熟悉	正高	档案馆，档案现代化管理
ID-3	组织管理——比较熟悉 档案管理——比较熟悉 信息服务——很熟悉 技术实现——很熟悉	正高	公司，云计算
ID-4	组织管理——很熟悉 档案管理——熟悉 信息服务——很熟悉 技术实现——很熟悉	正高	大学，管理学
ID-5	组织管理——熟悉 档案管理——熟悉 信息服务——很熟悉 技术实现——很熟悉	正高	图书馆，信息服务

第七章　云数字档案馆风险评估指标权重确定

一　面对总目标的风险指标权重的特点

通过 Yaahp 软件导出的上述专家对总目标风险的判断矩阵和权重数据（W_i）见表 7-8。

表 7-8　　　　不同类型专家面向总目标风险的判断

矩阵和权重数据特点统计表

云数字档案馆风险评估指标体系	组织保障风险	档案业务管理风险	技术实现风险	信息服务风险	W_i
组织保障风险	1	1	4	2	0.3636
档案业务管理风险	1	1	4	2	0.3636
技术实现风险	1/4	1/4	1	1/2	0.0909
信息服务风险	1/2	1/2	2	1	0.1818

专家代码 ID-1

云数字档案馆风险评估指标体系	组织保障风险	档案业务管理风险	技术实现风险	信息服务风险	W_i
组织保障风险	1	2	2	2	0.4000
档案业务管理风险	1/2	1	1	1	0.2000
技术实现风险	1/2	1	1	1	0.2000
信息服务风险	1/2	1	1	1	0.2000

专家代码 ID-2

云数字档案馆风险评估指标体系	组织保障风险	档案业务管理风险	技术实现风险	信息服务风险	W_i
组织保障风险	1	2	4	4	0.5000
档案业务管理风险	1/2	1	2	2	0.2500
技术实现风险	1/4	1/2	1	1	0.1250
信息服务风险	1/4	1/2	1	1	0.1250

专家代码 ID-3

云数字档案馆 风险评估指标体系	组织保障 风险	档案业务 管理风险	技术实现 风险	信息服务 风险	Wi
组织保障风险	1	2	1	1	0.2857
档案业务管理风险	1/2	1	1/2	1/2	0.1429
技术实现风险	1	2	1	1	0.2857
信息服务风险	1	2	1	1	0.2857

专家代码 ID – 4

云数字档案馆 风险评估指标体系	组织保障 风险	档案业务 管理风险	技术实现 风险	信息服务 风险	Wi
组织保障风险	1	2	1	1	0.2857
档案业务管理风险	1/2	1	1/2	1/2	0.1429
技术实现风险	1	2	1	1	0.2857
信息服务风险	1	2	1	1	0.2857

专家代码 ID – 5

（1）管理机构的 IT 人员，认为组织保障风险和档案业务管理风险所占权重同等重要（均占 0.3636），信息服务风险（0.1818）次之，技术实现风险（0.0909）较小。

（2）综合档案馆从事档案现代化管理的专家，认为组织保障风险所占权重最大（0.4000），档案业务管理风险、信息服务风险、技术实现风险相同（权重均占 0.2000）。

（3）高新技术企业的云计算专家，认为组织保障风险所占权重最大（0.5000），档案业务管理风险次之（0.2500），信息服务风险和技术实现风险相同（权重均占 0.125）。

（4）大学的管理专家和图书馆信息服务专家都认为，组织保障风险、信息服务风险、技术实现风险所占权重相同（均占 0.2857），档案业务管理风险次之（权重占 0.1429）。

总体来看，不同类型的专家都认为组织保障风险（含运行环境、组织管理体系建设、监管与治理三个下级指标）的权重排在最前。档案业务管理风险、信息服务风险和技术实现风险的权重虽然大小不同,但大多数专家认为档案业务管理风险的权重仅次于组织保障风险的权重。这提示云数字档案馆的组织管理者,组织保障是确保云数字档案馆安全运营的最重要的指标。

二 组织保障风险指标权重的特点

通过 Yaahp 软件导出的上述专家对组织保障风险的判断矩阵和权重数据见表 7-9。

表 7-9　　　　不同类型专家面向组织保障风险的判断
矩阵和权重数据特点统计表

组织保障风险	运行环境	组织管理体系建设	监管与治理	Wi
运行环境	1	1/4	1/4	0.1111
组织管理体系建设	4	1	1	0.4444
监管与治理	4	1	1	0.4444

专家代码 ID-1

组织保障风险	运行环境	组织管理体系建设	监管与治理	Wi
运行环境	1	1	1	0.3333
组织管理体系建设	1	1	1	0.3333
监管与治理	1	1	1	0.3333

专家代码 ID-2

组织保障风险	运行环境	组织管理体系建设	监管与治理	Wi
运行环境	1	1/8	1/6	0.0649
组织管理体系建设	8	1	2	0.5947
监管与治理	6	1/2	1	0.3404

专家代码 ID-3

组织保障风险	运行环境	组织管理体系建设	监管与治理	Wi
运行环境	1	1/2	1/2	0.2000
组织管理体系建设	2	1	1	0.4000
监管与治理	2	1	1	0.4000

专家代码 ID-4

组织保障风险	运行环境	组织管理体系建设	监管与治理	Wi
运行环境	1	2	2	0.5000
组织管理体系建设	1/2	1	1	0.2500
监管与治理	1/2	1	1	0.2500

专家代码 ID-5

（1）管理机构的 IT 人员，认为组织管理体系建设和监管与治理同等重要（权重均占 0.4444），运行环境次之（权重占 0.1111）。

（2）综合档案馆从事档案现代化管理的专家，认为组织管理体系建设、监管与治理、运行环境同等重要（权重均占 0.3333）。

（3）高新技术企业的云计算专家，认为组织管理体系建设最重要（权重占 0.5947），监管与治理居中（权重占 0.3404），运行环境排在最后（权重占 0.0649）。

（4）大学的管理专家认为，组织管理体系建设和监管与治理同等重要（权重均占 0.4000），运行环境次之（权重占 0.2000）。

（5）图书馆信息服务专家认为，运行环境最重要（权重占 0.5000），组织管理体系建设和监管与治理次之（权重占 0.2500）。

总体来看，大多数专家都认为在组织保障风险的下属指标中，组织管理体系建设（包括战略规划、领导体制、人才队伍、岗位设置和制度规范建设 5 个指标）最重要，这是云数字档案馆运行中必须满足的要素，涉及了其战略目标和具体的战术实施；监管与治理，是维护云数字档案馆正常运行的必要管理手段；而运行环境是云数字档案馆赖以生存的条件，应该主要在建设阶段完成。

三 档案业务管理指标权重的特点

通过 YAAHP 软件导出的上述专家对档案业务管理的判断矩阵和权重数据见表 7-10。

表 7-10　　不同类型专家面向档案业务管理风险的判断矩阵和权重数据特点统计表

档案业务管理风险	档案资源建设	档案业务管理框架	档案业务关键环节控制	Wi
档案资源建设	1	2	1	0.4000
档案业务管理框架	1/2	1	1/2	0.2000
档案业务关键环节控制	1	2	1	0.4000

专家代码 ID-1

档案业务管理风险	档案资源建设	档案业务管理框架	档案业务关键环节控制	Wi
档案资源建设	1	2	2	0.5000
档案业务管理框架	1/2	1	1	0.2500
档案业务关键环节控制	1/2	1	1	0.2500

专家代码 ID-2

档案业务管理风险	档案资源建设	档案业务管理框架	档案业务关键环节控制	Wi
档案资源建设	1	1/2	1	0.2500
档案业务管理框架	2	1	2	0.5000
档案业务关键环节控制	1	1/2	1	0.2500

专家代码 ID-3

档案业务管理风险	档案资源建设	档案业务管理框架	档案业务关键环节控制	Wi
档案资源建设	1	1	1/2	0.2500
档案业务管理框架	1	1	1	0.2500
档案业务关键环节控制	2	2	1/2	0.5000

专家代码 ID-4

档案业务管理风险	档案资源建设	档案业务管理框架	档案业务关键环节控制	Wi
档案资源建设	1	1	1/2	0.2500
档案业务管理框架	1	1	1/2	0.2500
档案业务关键环节控制	2	2	1	0.5000

专家代码 ID-5

（1）管理机构的 IT 人员，认为档案资源建设和档案业务关键环节控制很重要（权重均占 0.4000），档案业务管理框架次之（权重占 0.2000）。

（2）综合档案馆从事档案现代化管理的专家，认为档案资源建设最重要（权重占 0.5000），档案业务关键环节控制和档案业务管理框架同等重要（权重均占 0.2500）。

（3）高新技术企业的云计算专家，认为档案业务管理框架最重要（权重占 0.5000），档案资源建设和档案业务关键环节控制次之（权重各占 0.2500）。

（4）大学的管理专家和图书馆信息服务专家都认为，档案业务关键环节控制最重要（权重占 0.5000），档案资源建设和档案业务管理框架次之（权重占各 0.2500）。

总体来看，大多数专家都认识到，档案资源既是档案业务管理的源头，也是档案业务管理框架和档案业务关键环节控制中最重要的一环。因此，提示云数字档案馆的组织管理者，重点要从源头抓好档案资源建设，这是其生存之本。

第七章　云数字档案馆风险评估指标权重确定

四　信息服务指标权重的特点

通过 Yaahp 软件导出的上述专家对信息服务风险的判断矩阵和权重数据见表 7-11。

表 7-11　　不同类型专家面向信息服务风险的判断
矩阵和权重数据特点统计表

信息服务风险	服务规程	服务业务关键环节控制	用户管理	Wi
服务规程	1	1/2	1	0.2500
服务业务关键环节控制	2	1	2	0.5000
用户管理	1	1/2	1	0.2500

专家代码 ID-1

信息服务风险	服务规程	服务业务关键环节控制	用户管理	Wi
服务规程	1	2	2	0.5000
服务业务关键环节控制	1/2	1	1	0.2500
用户管理	1/2	1	1	0.2500

专家代码 ID-2

信息服务风险	服务规程	服务业务关键环节控制	用户管理	Wi
服务规程	1	1	2	0.4000
服务业务关键环节控制	1	1	2	0.4000
用户管理	1/2	1/2	1	0.2000

专家代码 ID-3

信息服务风险	服务规程	服务业务关键环节控制	用户管理	Wi
服务规程	1	1/2	1	0.2500
服务业务关键环节控制	2	1	2	0.5000
用户管理	1	1/2	1	0.2500

专家代码 ID-4

信息服务风险	服务规程	服务业务关键环节控制	用户管理	Wi
服务规程	1	1	2	0.2500
服务业务关键环节控制	1	1	2	0.5000
用户管理	1/2	1/2	1	0.2500

专家代码 ID-5

（1）管理机构的 IT 人员，认为服务业务关键环节控制很重要（权重占 0.5000），服务规程和用户管理次之（权重均占 0.2500）。

（2）综合档案馆从事档案现代化管理的专家，认为服务规程最重要（权重占 0.5000），服务业务关键环节控制和用户管理次之（权重均占 0.2500）。

（3）高新技术企业的云计算专家和图书馆信息服务专家，认为服务规程和服务业务关键环节控制很重要（权重均占 0.4000），用户管理次之（权重占 0.2000）。

（4）大学的管理专家认为，服务业务关键环节控制很重要（权重占 0.5000），服务规程和用户管理次之（权重均占 0.2500）。

总体来看，在信息服务指标层级，有 4 类专家认同服务业务关键环节控制最重要，可能是他们认为控制好了服务业务关键环节，就能确保高满意度的服务；而综合档案馆的专家认为服务规程最重要，他们可能从档案信息服务的实际出发，认为从服务规程明确了服务内容、服务流程，就可以达到服务的满意度；没有一个专家认为用户管理很重要，但在用户管理中，用户需求管理和隐私信息管理同等重要，它是云数字档案馆满足用户需求、持续发展的原动力。

五 技术实现指标权重的特点

通过 Yaahp 软件导出的上述专家对技术实现风险的判断矩阵和权重数据见表 7-12。

第七章 云数字档案馆风险评估指标权重确定

表7-12 **不同类型专家面向技术实现风险的判断矩阵和权重数据特点统计表**

技术实现风险	档案云平台构建	档案云安全架构设计	档案云运维与治理	Wi
档案云平台构建	1	1/2	2	0.2857
档案云安全架构设计	2	1	4	0.5714
档案云运维与治理	1/2	1/4	1	0.1429

专家代码 ID-1

技术实现风险	档案云平台构建	档案云安全架构设计	档案云运维与治理	Wi
档案云平台构建	1	1/2	1	0.2500
档案云安全架构设计	2	1	2	0.5000
档案云运维与治理	1	1/2	1	0.2500

专家代码 ID-2

技术实现风险	档案云平台构建	档案云安全架构设计	档案云运维与治理	Wi
档案云平台构建	1	1	2	0.4000
档案云安全架构设计	1	1	2	0.4000
档案云运维与治理	1/2	1/2	1	0.2000

专家代码 ID-3

技术实现风险	档案云平台构建	档案云安全架构设计	档案云运维与治理	Wi
档案云平台构建	1	1/2	1	0.2500
档案云安全架构设计	2	1	2	0.5000
档案云运维与治理	1	1/2	1	0.2500

专家代码 ID-4

技术实现风险	档案云平台构建	档案云安全架构设计	档案云运维与治理	Wi
档案云平台构建	1	1	1	0.3333
档案云安全架构设计	1	1	1	0.3333
档案云运维与治理	1	1	1	0.3333

专家代码 ID-5

（1）管理机构的 IT 人员，认为档案云安全架构设计最重要（权重占 0.5714），档案云平台构建其次（权重占 0.2857），档案云运维与治理再次之（权重占 0.1429）。

（2）综合档案馆从事档案现代化管理的专家和大学的管理专家，认为档案云安全架构设计最重要（权重占 0.5000），档案云平台构建和档案云运维与治理同等重要（权重均占 0.2500）。

（3）高新技术企业的云计算专家，认为档案云安全架构设计和档案云平台构建都很重要（权重均占 0.4000），档案云运维与治理次之（权重占 0.2000）。

（4）图书馆信息服务专家认为，档案云安全架构设计、档案云平台构建和档案云运维与治理同等重要（权重均占 0.3333）。

总体来看，专家们一致认为，档案云安全架构设计最重要，档案云平台构建次之，档案云运维与治理则是维护云安全的手段。

第八章　云数字档案馆风险评估模型

综合评估方法评述见表3-5。根据本研究特点，本书选择了以系统工程理论的模型和定量评价为主，采用线性加权法和模糊综合评判法，构建云数字档案馆运营风险评估模型。

风险评估分别按组织保障风险、档案业务管理风险、信息服务风险、技术实现风险4个模块进行，从底到顶，逐级运算，既可以获得分模块的风险值，也可以获得云数字档案馆运营的总体风险评判量化结果。

第一节　线性加权模型

线性加权模型即线性加权求和法，其基本思路是将各种不可加的指标实际值运用指标分数转换形式（如评分标准表）转换成可加的评价分数值，然后采用线性综合法求综合分值，用以比较和排序。

线性加权模型的具体操作方法是：首先确定指标体系，权重；再确定评分标准；再次请该领域的权威专家根据所评价对象的具体情况，参照表5-43评分标准对各个指标打分；最后用指标权数对单项评价指标的得分进行加权线性求和，即可得综合评分。

考虑评估专家信用权重系数，对多个评估专家当前层次指标评价信息线性加权后，可获得各项指标对应的最终评分，见公式8-1：

$$R(X_i) = \sum_{j=1}^{m} W_i X_{ij} \quad （公式8-1）$$

在公式中，W_i为指标i的权重，X_{ij}为最底层指标中专家的评分值，评估结果是由评估专家对每个方案层指标分别进行打分，然后根据公式 8-1 计算，就可以达到综合评价的结果。

考虑专家信用和水平的因素，在采用该法时常常使用改良的线性加权模型（A_{ij} 为专家信用权重），见公式 8-2：

$$R(X_i) = \left(\sum_{j=1}^{m} W_i A_{ij} X_{ij}\right) / \sum_{j=1}^{m} Aij \qquad （公式 8-2）$$

A_{ij}：评估专家 j 对指标第 i 的信用权重，参考值见表 3-4。

X_{ij}：评估专家 j 对最底层指标 i 的打分值。

m：评估专家个数，m 取值为奇数 3 或 5。

i：代表指标个数的变量。

W_i：指标 i 权重。

$R(X_i)$：针对第 i 个指标综合评估的实际得分值。

一 模块级分项分值计算

根据公式 8-2，对每个模块从低到高，逐层计算每个指标的评估结果，可获得四个模块分别的综合评分。见公式 8-3：

$$R(U_i) = \sum_{j=1}^{m} R(U_{ij}) \qquad （公式 8-3）$$

i：表示模块数的变量，取值 1—4。

m：第 i 个模块对应准则层的指标个数，用变量 j 表示。不同模块在准则层的指标个数不同。

$R(U_i)$：对应模块的综合评估结果。

*示例：组织保障风险模块，i=1，m=3，$R(U_1) = R(U_{11}) + R(U_{12}) + R(U_{13})$。

二 目标级总项分值计算

将第一部分所获得的四个模块分项，继续采用线性加权计算，可获得云数字档案馆风险评估总目标层的最终评估结果。见公式 8-4：

$$R(U) = \sum_{i=1}^{n} R(U_i) \qquad （公式 8-4）$$

i：表示模块数的变量，取值1—4。

R（U$_i$）：四个模块分项计算出的分值。

＊示例：云数字档案馆风险总目标分值 R（U）＝ R（U$_1$）＋ R（U$_2$）＋ R（U$_3$）＋ R（U$_3$）。

专家评分原则风险非常高，风险高，风险中等，风险低，风险非常低，赋值分别为（100，85，75，60，50）。

评价标准：原则上综合值越大，风险越大。但要注意，因为综合加权而使总评价结果不突出，淹没了一些分模块指标的重要性，因此需要将各模块评价值和总评价分提供给被评价方，充分反映被评对象的所面临的风险态势。

第二节 模糊模型

模糊分析是建立在模糊集合基础上的一种预测和评价方法。其基本思想是应用模糊关系合成的原理，根据多个因素对被评对象本身存在的性态或类属上的模糊性，从数量上对其所属程度进行刻画和描述。特点是用程度语言描述对象，其评价方式与人们的正常思维模式很接近。[①] 该方法主要包括6大步骤。

（一）确定被评对象的因素论语 U ＝（u$_1$，u$_2$，…，u$_n$）。

（二）确定评语等级 V ＝（v$_1$，v$_2$，…，v$_m$），m 表示评语等级的个数，一般由很高、高、一般、差四个等级构成。

（三）在被评对象的因素论域 U 与评语等级集 V 之间进行单因素评价，建立模糊关系矩阵 R：

$$R = \begin{bmatrix} r11 & r12 & \cdots & r1n \\ r21 & r22 & \cdots & r2n \\ \cdots & \cdots & \cdots & \cdots \\ rn1 & rn2 & \cdots & rnn \end{bmatrix}$$

其中 r$_{ij}$（i＝1，2，…，m；j＝1，2，…，n）表示对第 i 个评价指标

[①] 参见顾基发《综合评价方法》，中国科学技术出版社1990年版。

做出的第 j 级评语的隶属度。

（四）确定评价因素的权重向量 W =（w_1, w_2, …, w_n）。

（五）选择合成算子，将 W 与 R 合成得到 B：

B = W○R =（b_1, b_2, …, b_m）

式中 $b_j = \sum_{i=1}^{m} w_i r_{ij}$　j = 1, 2, 3, …, n。B 称为模糊综合评判集。b_j（j = 1, 2, 3, …）称为模糊综合评判指标，简称评判指标。b_j 的含义是：综合考虑所有因素的影响时，评判对象对备择集中第 j 个元素的隶属度。

（六）评判指标的处理

得到评判指标 b_j 后，可根据 b_j 以下几种方法确定评判对象具体结果。

1. 最大隶属度法

取与最大的评判指标 $\max b_j$ 相对应的备择元素 v_i，作为评判结果，即

$$V = \{ V_L \mid v_L \rightarrow \max b_j \}$$

最大隶属度仅考虑了最大评判指标的贡献，舍去了其他指标所提供的信息。当最大的评判指标不止一个时，很难决定具体的评判结果。

2. 加权平均法

以 b_j 为权数，对各个备择元素 v_j 进行加权平均，所得值为评判的结果。即：

$$v = \sum_{j=1}^{n} b_j v_j \Big/ \sum_{j=1}^{n} b_j$$

如果评判指标 b_j 已归一化，则 $V = \sum_{j=1}^{n} b_j v_j$。

3. 模糊分布法

直接把评判集作为评判结果或将评判指标归一化，用归一化的评判集作为评判结果。即：

$$b = \sum_{j=1}^{n} b_j \quad b_j' = b_j/b \quad j = 1, 2, 3, …, n$$

$$B' = (b_1', b_2', b_3', …, b_n')$$

该方法在对多层次指标体系使用模糊综合评判时比较有用。多层次综合评判以单因素模糊评判为基础，通过对因素集分层划分，每一层的评估结果又是上一层评估的输入，直到最下层为止。

假设对于某个项目P，专家判断第i个指标为备择集第j个元素的共有 C_{ij}，其中对项目P"非常熟悉"的有 $C_{ij}(1)$ 个，"比较熟悉"的有 $C_{ij}(2)$ 个，"基本熟悉"的有 $C_{ij}(3)$ 个，"不熟悉"的有 $C_{ij}(4)$ 个，且

$$C_{ij} = \sum_{k=1}^{4} C_{ij}(k)，则：r_{ij} = \left(\sum_{k=1}^{4} AkC_{ij}(k)\right) / \sum_{j=1}^{5}\sum_{k=1}^{4} AkC_{ij}(k)$$

Ak 表示专家对项目P熟悉程度对应的权重。见表3-5。

本书采用多层次综合判断法，其指标体系多因素递阶层次结构图见图8-1。

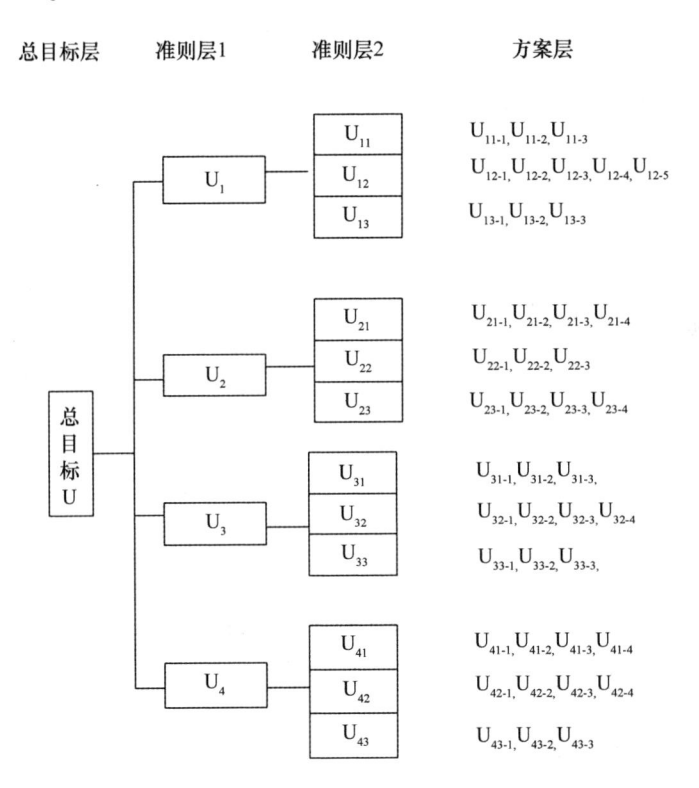

总目标层	准则层1	准则层2	方案层
总目标U	U_1	U_{11}	$U_{11-1}, U_{11-2}, U_{11-3}$
		U_{12}	$U_{12-1}, U_{12-2}, U_{12-3}, U_{12-4}, U_{12-5}$
		U_{13}	$U_{13-1}, U_{13-2}, U_{13-3}$
	U_2	U_{21}	$U_{21-1}, U_{21-2}, U_{21-3}, U_{21-4}$
		U_{22}	$U_{22-1}, U_{22-2}, U_{22-3}$
		U_{23}	$U_{23-1}, U_{23-2}, U_{23-3}, U_{23-4}$
	U_3	U_{31}	$U_{31-1}, U_{31-2}, U_{31-3}$
		U_{32}	$U_{32-1}, U_{32-2}, U_{32-3}, U_{32-4}$
		U_{33}	$U_{33-1}, U_{33-2}, U_{33-3}$
	U_4	U_{41}	$U_{41-1}, U_{41-2}, U_{41-3}, U_{41-4}$
		U_{42}	$U_{42-1}, U_{42-2}, U_{42-3}, U_{42-4}$
		U_{43}	$U_{43-1}, U_{43-2}, U_{43-3}$

图8-1 评价指标体系多因素递阶层次结构图

评语集 V =（风险非常高，风险高，风险中等，风险低，风险非常低）。

对应的量化分值 =（100，85，70，60，50）。

采用加权平均法，将评判集 V 中各元素量化后，最终评判结果 $V = BV^T$。

设 i，j，k 分别为评判准则层 1、准则层 2、方案层中含有的指标个数，以下同。W 为指标权重，下标意义同前。对各指标制定等级标准，对照标准评定等级，得到 U_{ijk} 对评语集 V 的隶属向量 R_{ijk} 为：

$$R_{ijk} = (r_{ijk1}, r_{ijk2}, r_{ijk3}, r_{ijk4}, r_{ijk5})$$

其中 $r_{ijkh} = v_{ijkh}/m$（h = 1，2，3，…，5）；m 为参评专家人员总数；v_{ijkh} 是参评专家中认为指标 U_{ijk} 属于 v_h 等级的专家人数，评判隶属矩阵为：

$$R_{ijk} = \begin{bmatrix} rij1 \\ rij2 \\ \cdots \\ rijk \end{bmatrix} = \begin{bmatrix} rij11 & rij12 & \cdots & rij15 \\ rij21 & rij22 & \cdots & rij25 \\ \cdots & \cdots & \cdots & \cdots \\ rijk1 & rijk2 & \cdots & rijk5 \end{bmatrix}$$

（1）方案层模糊综合评判

记 $\overline{B_{ij}} = W_{ij} \odot R_{ij} = (w_{ij1}, w_{ij2}, \cdots, w_{ijk})$

$$\odot \begin{bmatrix} rij11 & rij12 & \cdots & rij15 \\ rij21 & rij22 & \cdots & rij25 \\ \cdots & \cdots & \cdots & \cdots \\ rijk1 & rijk2 & \cdots & rijk5 \end{bmatrix} = (b_{ij1}, b_{ij2}, \cdots, b_{ijk})$$

"⊙"为模糊矩阵合成算子符号，$\overline{B_{ij}}$ 归一化记为 B_{ij}，B_{ij} 为 U_{ij} 对 V 的隶属向量。

（2）准则层 2 模糊综合评价

根据准则层 2 模糊综合评判，得到评判隶属矩阵：

$$R_i = \begin{bmatrix} Bi1 \\ Bi2 \\ \cdots \\ Bij \end{bmatrix} = \begin{bmatrix} bi11 & bi12 & \cdots & bi15 \\ bi21 & bi22 & \cdots & bi25 \\ \cdots & \cdots & \cdots & \cdots \\ bij1 & bij2 & \cdots & bij5 \end{bmatrix}$$

$\overline{Bi}$ = Wi⊙Ri 归一化后记为 Bi，Bi 为 Ui 对 V 的隶属向量。

（3）准则层 1 模糊综合判断评判：根据子准则层模糊综合评判，得到评判隶属矩阵：

$$R = \begin{bmatrix} B_1 \\ B_2 \\ B_3 \\ B_4 \end{bmatrix} = \begin{bmatrix} b_{11} & b_{12} & b_{13} & b_{14} & b_{15} \\ b_{21} & b_{22} & b_{23} & b_{24} & b_{25} \\ b_{31} & b_{32} & b_{33} & b_{34} & b_{35} \\ b_{41} & b_{42} & b_{43} & b_{44} & b_{45} \end{bmatrix}$$

$\overline{B}$ = W⊙R 归一化后记为 B，B 为 U 对 V 的隶属向量，即为总评判结果。

第三节 风险等级判定

本标准采用筛选性指标一票否决和评估性指标定量分值等级判定相结合的方法。满足第五章第五节第一部分中规定的对应等级的筛选性指标后，才可进入评估性指标的定量评估环节。通过量化计算，可获得各模块的综合评估结果 R（U_1）、R（U_2）、R（U_3）、R（U_4）和总目标层评分 R（U）。本书可以采用线性加权模型，也可以采用模糊模型，但由于分值综合加权，平衡掉一些重要信息，影响最终级别判定，因此最终评级还需要考虑指标的关键项和非关键项的综合情况。

无论采用哪种方法，级别 =（风险非常高 A，风险高 B，风险中等 C，风险低 D），对应的量化分值 =（100，85，70，60），仍是专家评价打分的依据。

一 模块等级风险判定准则

四个模块等级设计分为四类：风险非常高，风险高，风险中等，风险低。各个级别判定标准见表 8-1，每个模块获得每个等级的判定条件应同时满足模块总分、关键指标项和非关键指标项的三项要求，任何一项要求不符合均不能得到相应的等级。

表 8-1　　云数字档案馆模块级风险评级标准列表

模块等级	判定准则		
	模块分值	所有关键项要求	所有非关键项要求
A	评估分值90分以上	均达到关键指标项评估值的90分以上	均达到非关键指标项评估分值的80分以上
B	评估分值80—90分	均达到关键指标项评估值的80分以上	均达到非关键指标项标准分值的60分以上
C	评估分值70—80分	均达到关键指标项评估值的70分以上	
D	评估分值60—70分	均达到关键指标项评估值的60分以上	

二　目标等级风险判定准则

目标等级风险的综合评价值 R（U），是通过公式 8-4 进一步进行综合评价而得出的结果，也分为四个等级（风险非常高、风险高、风险中等、风险低）。依据综合得分值和各模块关键指标项的达标等级判定最终目标等级，判定标准见表 8-2 所示。

表 8-2　　云数字档案馆目标级风险评级标准

综合评级	综合得分值范围（分）	各模块等级可能组合				关键指标项要求
		组织保障（U_1）	档案业务管理（U_2）	信息服务（U_3）	技术实现（U_4）	
A	≥90	A、B	A、B	A	A	等级为 B 的模块关键指标项达最大分值的90%以上
B	80—90	A、B、C	A、B	A、B	A、B	等级为 B 的模块关键指标项达最大分值的80%以上
C	70—80	B、C、D	B、C、D	B、C、D	B、C、D	对应 D 级的关键项分值达70%以上
D	60—70	C、D	C、D	C、D	C、D	

示例：如若目标等级评级为 B，总分为 85 分，U_1、U_2、U_3、U_4 模块的等级评级分别为 A、B、C、D，则对应模块 U_3 的各项关键指标项的分值应达到 B 级规定该项最大分值的 80% 以上。

第九章 云数字档案馆风险评估规范

第一节 风险评估组织

一 自评估

机构自评估是由机构内部自发组织和发起的内部评估活动，其目的在于提高云平台上档案数字资源的管理能力，发现工作中的缺陷和风险隐患，提出升级和改进的措施和方法，进行整改，确保本机构档案数字资源管理目标的实现。

评估组织方式可以由机构信息化管理领导牵头成立内部评审工作组，依据评估内容和方法，开展自我评估或交叉评估活动；也可根据需要聘请外部评估专家共同参与自评估工作。

自评估结果对外不具有法定效力，但应作为检查评估和认可评估的基础工作，也可以作为机构整改、持续改进和提升能力的依据和参考。

二 检查评估

检查评估是由上级主管机关或行业主管部门出于规范管理行为和提升管理能力的目的而发起的，依据国家有关法规与标准，对云数字档案馆的运营风险进行定期、不定期的强制性检查活动。其评估组织方式可采取下列任何一种。

第一，评估小组由上级主管机关或行业主管机关的相关人员组成。依据风险评估指标，审查被评机构的相关材料，自评报告，召开会议，进行现场评估，给出整改或通过评审意见。必要时可以聘请外部相关领域的评估专家，共同组成评估工作组，对机构的云数字档案馆的运营风险进行评估，这属于二方评估。此类检查评估结果在上级机关或行业内具有一定的效力，对外不具有法定效力。

第二，上级主管机关或行业主管机关通过签订委托合同，委托独立的具有专业测评资质的作为第三方评估机构进行检查评估。此类评估结果具有法定效力。

三　认证评估

经云数字档案馆管理者申请，提交相关材料，包括自评或检查评估报告，由第三方评估执行机构依据国家有关法规与标准对其档案数字资源风险管理进行评估的活动。评估组织是国家认定的具有评估资质的机构，评估专家必须满足表9-2的要求。

经过评估审定，评估机构将评估报告、被评机构的自评报告及其他相关材料提交给认证授权部门，被评机构可以依此获得云数字档案馆安全等级资质认证证书，进而向社会公告。此评估结果具有法律效力。

第二节　风险评估活动中各方主体的职责

云数字档案馆风险评估的参与主体主要包括档案数字资源管理者、上级主管或行业管理者、第三方评估机构和国家授权的监管机构，基于评估规范，各参与方通过自评、检查评估、认证评估建立的相互关系，如图9-1。

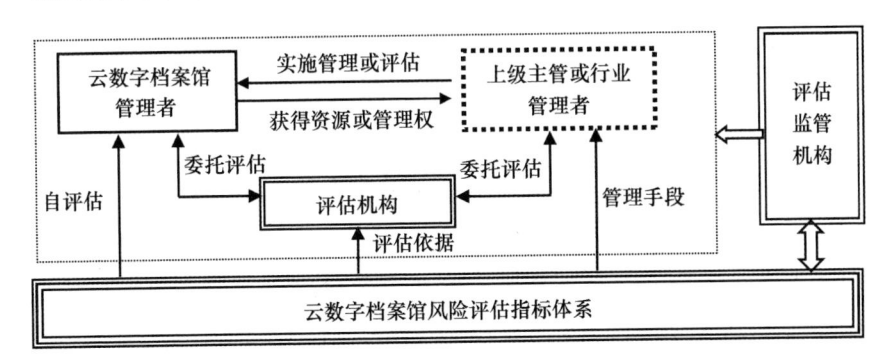

图9-1　云数字档案馆风险评估各方主体关系图

一 云数字档案馆管理者

云数字档案馆管理者是机构中云数字档案馆风险评估的责任者主体,也是被评估的对象,为机构开展风险评估活动提供必要的场所、经费、资料、人员及其他相关资源,对提交的信息真实性负责。支持评估小组现场检查、召开会议、配合访谈,不得弄虚作假,干扰评估专家意见,影响评估结论。此外,云数字档案馆管理者应掌握云数字档案馆风险评估的规范要求,通过持续性评估,不断识别面临的风险,以评促建,提升自身档案数字资源的管理能力。

二 上级主管或行业管理者

上级主管或行业管理者是指云数字档案馆管理者的上级主管部门、行业主管部门等。其了解国家数字档案馆的法律法规、政策制度、标准规范和行业发展态势,具备指导、检查、督促和宣贯的能力,负责积极推动行业或地区电子文件管理能力评估工作的实施。

三 评估机构

评估机构是第三方组织,应获得国家评估资质认证且具有开展云数字档案馆风险评估的能力,依据相关标准公平、公正和客观地开展评估工作。评估执行机构的职责和要求应包括但不限于:(1)为受理评估对象提供公开透明的客户服务窗口和申请评估通道;(2)建立管理制度,规范评估过程,确保评估结论客观、公正、科学;(3)真实、完整和系统化地保存评估过程的各项证据性记录和文件,确保评估信息可追溯;(4)分析和统计评估过程中遇到的典型问题,为国家电子文件管理主管部门或评估监督管理机构提供辅助决策信息,以调整评估,维护和改进评估标准体系;(5)建立客户评级信息资源库;(6)严格管理好本机构人员、聘用的评估专家，不得泄露评估小组人员名单，不得接受贿赂，违背或歪曲客观事实出具评估意见；（7）从评估专家数据库中按照评估要求随机抽取专家，形成的评估小组要注意人员年龄、知识、经验的合理搭配，掌握好回避原则；（8）负责评估活动的质量控制（可信性、规范性、关键环节控制、人员管理和服务精神）；（9）保守客户秘密，保护被评估和评估者的利益；（10）保守国家秘密，维护国家安全和利益；（11）建立投诉反馈与有效处理的机制和渠道，保障客户权益。

四　评估监督管理机构

评估监督管理机构应按照国家相关规定对评估执行机构进行资质认定、资格审查和能力认可，其职责应包括但不限于：（1）《云数字档案馆风险评估与管理》标准的规划与制订和修订；（2）评估机构的审批、管理、认定、审查、授权和撤销；（3）云数字档案馆风险评估人员资格审查和认证，颁发能力认可证书，社会公告；（4）对评估过程进行指导、监督和抽查，对评估质量进行监督和管理；（5）对评估结果实施统一发布；（6）对被评机构进行认证授权，颁发合格云数字档案馆资质认证证书，进行社会公告；（7）受理对云数字档案馆风险评估过程中发生的问题和评估结果的投诉和举报，并调查、核实和处置；（8）对评估执行机构的管理能力和技术能力进行复查，提出改进发展的意见和建议。

第三节　评估专家管理规范

评估专家是评估方法中的关键要素，是评估实施的主要责任者，其职业道德、专业能力和从业经验直接影响评估结果的客观度与准确性。本节明确对评估专家的相关要求和管理，主要适用于第三方评估和检查。自评估和二方检查评估也可参考使用。

一 评估专家遴选标准

专家咨询意见是评估的依据,选择熟悉项目的权威专家非常重要,咨询专家的遴选原则见表9-1。[①]

表9-1　　　　　　　咨询专家的遴选原则列表

遴选原则	内容描述
客观公正性	具有负责的态度,能独立、客观、公正地进行评价
权威性	熟悉有关技术和行业发展情况,在相关行业和领域内具有权威性
针对性	针对项目具体情况,选择熟悉情况的专家
配置合理性	档案管理、电子文件管理、管理信息系统、数字档案馆、云计算、信息安全风险评估、档案行业主管、行业协会等专家兼顾。同一次评估活动,同一个单位的评估专家不得超过2人
回避原则	回避关联单位的专家
专家数目	奇数。原则上每次评估,专家数应不少于5人,特殊情况下不得少于3人

二 评估专家的专业能力要求

开展云数字档案馆风险评估的专家应具备胜任评估业务的专业知识、从业经验和相应资格,能够胜任该领域的评估业务,其专业能力要求见表9-2。

表9-2　　　　　　　评估专家的专业能力要求列表

能力要求	能力描述
专业知识	具有开展档案数字资源管理评估所对应的知识、技能、学历和才干,副高以上职称,特殊人才除外
分析判断	具有良好的思维能力、分析能力和判断能力。能够运用专业知识,基于事实,得出正确的评估结论

---

① 参见国家科技评估中心《立项评估概念、方法和组织实施》,科技评估专业培训教材2002年版。

第九章 云数字档案馆风险评估规范

续表

专业能力要求	能力描述
沟通协调	具有良好的口头表达、书面表达和协调能力，在评估活动中能协调各方关系，营造良好的交流氛围，无障碍沟通和对话
行业背景	具有三年及以上的行业工作背景，具有电子文件管理、档案信息化工作经历，能胜任该行业评估的专项业务活动
从业经验	具有三年及以上的评估经验，了解评估规范，熟悉评估流程，有良好的评估能力和业绩表现
资质证书	具有电子文件管理协会颁发的从业资格证书（适用于独立第三方评估情况）
特殊能力	了解和熟悉国内外电子文件管理，数字档案馆建设的相关政策、制度、规范、标准和发展动向

三　评估专家管理要求

应建立制度性规范，严格管理评估活动中的评估专家，见表9-3。

表9-3　　　　　　　　评估专家管理要求

管理要求	内容描述
专家数据库建设	1. 应建立年龄结构合理，分别来自高校、科研院所、研究机构、企业、行业协会，集档案管理专家、档案信息化专家、IT技术专家、行业管理者于一体的评估专家数据库。可以从国家或其他行业现有专家数据库抽取，也可以由单位推荐，经审核通过进入专家库 2. 应建立专家随机抽取模型，确保每次评估活动，专家抽取的科学性、合理性
配置合理性	每次评估活动随机抽取的专家中，要覆盖档案类、档案信息化类、管理类、行业协会类、技术类等专家，年龄结构合理，知识结构互补，从专家数据库中随机抽取，同一个评估活动，在同一单位的评估专家不得超过2人
专家数目	每次评估活动中，专家数应为奇数，原则上每个模块的评估专家人数不得少于5人
回避原则	评估活动中，不能选择与被评机构协作、业务往来或其他关联的评估专家，也不能选择与被评机构有利益冲突的专家

续表

管理要求	内容描述
评估专家管理规范	1. 有不良记录的专家不能聘为评估专家 2. 如得知接受的评估任务与被评机构有利害关联，评估专家应在第一时间申明，提请回避。一旦发现，不得再聘为评估专家 3. 评估专家在执行评估任务时，如发生贬损或诋毁其他评估专家，应提出批评，情节严重的三年内不能再聘为评估专家 4. 评估专家应当遵守保密原则，法律、法规另有规定除外。在参与评估活动中，应签订保密协议。内容应包括但不限于： （1）保证对评估委托者、被评机构、被访者和其他相关者的情况保密 （2）不得扩散评估专家名单、内部讨论意见、评估结论 （3）未经委托方书面许可，不得对外提供执业过程中获知的商业秘密和业务资料，也不得用于其他用途，如发生泄密情况，不再聘为评估专家，情节严重的，通过法律手段解决 5. 评估专家如被举报收取除评估费用外其他的费用，利用执业便利为自己或他人牟取不正当利益，一旦发现，除惩处之外，不再聘为电子文件评估专家 6. 评估专家应当在评估报告中提供必要信息，使评估报告使用者能够合理理解评估结论，不得出具有虚假、不实、有偏见或具有误导性的分析或结论的评估报告。一旦发现，不再聘为评估专家 7. 评估专家不得签署本人未参与项目的评估报告，也不得允许他人以本人名义签署评估报告。一旦发现，不再聘为评估专家 8. 每次评估活动结束，评估执行机构（或评估委托者）应对评估专家的专业能力、职业道德进行评判，纳入其信用水平记录中

第四节　评估信息获取

评估信息的采集可采用现场考察、小组专题座谈、个别访谈、调查问卷、网上（下）收集整理现有信息等方式进行，评估专家根据被评机构的客观情况、自身专业能力和经验，判断打分，完成评估信息的采集工作。评估信息由评估专家依据被评机构的实际情况和方案层规定的指标，按照百分制打分（风险很高 100 分，风险高 90 分，风险一般 70 分，风险低 60 分，风险很低 50 分）。

第五节　评估实施

一　评估流程

为保证评估结果的客观、公正、科学,评估的组织与实施需要规范化、程序化、透明化。云数字档案馆风险评估的基本流程见图9-2。

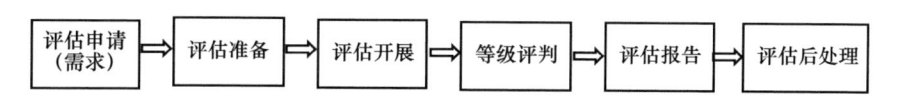

评估申请(需求) → 评估准备 → 评估开展 → 等级评判 → 评估报告 → 评估后处理

图9-2　云数字档案馆风险评估流程图

二　评估申请

评估申请主要针对委托第三方评估机构评估的情况。云数字档案馆责任主体要根据评估要求准备申请材料,提出评估申请。评估机构接到委托者提交的评估申请后,根据委托者的评估目的,双方进行前期沟通,审核评估申请表、自评报告、相关评估支撑材料,通过对委托者的形式审查后,双方签订评估合同或协议,收取相应费用。

自评估可以视为云数字档案馆最高领导者或本机构档案信息化工作小组发起的评估申请。主要是机构内部沟通、协调,评判评估基础决定机构是否可以开展评估。

二方检查评估可以视同上级主管或行业主管,向电子文件管理机构提出的评估申请。一般以发文的形式确认,要求被评机构按照规定接受评估。

三　评估准备

自评估,通常经最高管理者授权,建立由管理层、相关业务骨干、IT技术人员、评估专家等组成的能力评估小组。小组需要学习、掌握评估实施的相关知识、方法、流程和规定,阅读评估指南和评估细则,明确各部门职责,安排各部门人员培训,对全员宣贯。制定评估方案、评估计划、评估信息采集表、评估结论的处理原则，以发文的方式通知到每一个部门和每一个员工。

二方检查评估，通常是上级主管或行业管理作为评估组织，形成评估小组，制定检查方案、准备评估文件，协调进场检查评估的相关事宜，以发文的方式通知到每一个被评机构。

第三方评估，作为评估机构，需要与评估委托方明确评估目标、边界、重点和双方责任。准备评估方案、评估计划、评估细则，组建评估小组，协调与被评机构（部门）的关系，明确评估人员工作纪律、特殊情况的处理原则，收集委托方信息和相关资料，初步建立客户评级信息资源库。

四 评估开展

采用现场会议评估方式。其表现形式主要通过评估专家对被评机构实地考察、现场提问质询、核实、专家集中讨论、交互评估信息的方式形成评估判断的结论。

被评机构要临时组建评估管理与实施团队，按计划进度，保证评估小组开展的部门座谈、小组专题访谈、个别访谈、调阅档案或文件等活动正常进行。

评估小组一般由3—5名评估专家组成，依据评估方案和计划，分别对被评机构在电子文件管理支撑的组织运作、文件控制、信息服务、技术实现4个能力模块进行评估。

现场会议前3天需要给评估专家提供被评机构的相关材料和评估信息打分表，提出评估要求。

评估会议在被评机构现场进行。会议程序应包括但不限于：1. 被评机构自我介绍；2. 评估专家审阅相关材料，程序文件；3. 评估专家实地考察、质询、核实；4. 评估专家讨论；5. 评估专家独立打分，完成评估信息采集；6. 评估专家拟定各自的评价意见；7. 评估小组综合分析；8. 综合评估，初步确定被评机构的能力等级和整改建议。

五 等级评判

评估小组由多位评估专家组成（专家数应为奇数），每位评估专家填写评估信息采集表，通过现场评估方式开展评估，以此为基础进行风险等级评判，主体程序包括4点。

1. 汇总与核对评估专家信息采集表数据。按四模块分类，将评估专家的打分表汇总，检查最低层各指标的实际得分（X_{ij}）是否满足打分的标准要求，分值是否清晰可辨。有问题则需要征询对应的评估专家，保证数据的准确性。

2. 计算指标级的实得分值。根据公式8-2，将全部评估专家对最低层指标的打分进行加权平均，计算得出其上一级指标的实际得分。

3. 计算方案层、准则层2、准则层1、模块级的实际得分，判定模块级风险等级。将指标级的实得分按照公式8-3进行逐级线性累加，获得各模块的实得分值$R(U_1)$、$R(U_2)$、$R(U_3)$和$R(U_4)$，依据第八章第三节第一部分"模块等级风险判定准则"评价出各个模块的风险等级。

4. 计算总目标层的实得分值$R(U)$，判定目标级能力等级。将模块级的实得分按照公式8-4进行加权平均，获得总目标层的实得分$R(U)$，依据第八章第三节第二部分"目标等级风险判定准则"，综合评级评定组织云数字档案馆风险级别。

六 评估报告

评估小组根据现场会议评估的结果，完成评估报告的撰写，拟定被评机构的数字档案馆风险评估等级、整改建议。

评估报告内容主要包括但不限于：

1. 评估目的；2. 被评机构情况描述；3. 评估方案；4. 评估计划；5. 评估信息采集；6. 评估信息综合分析；7. 存在问题描述；8. 评估结论；9. 综合评级；10. 整改建议。

评估小组形成的评估报告，必须提交给评估机构校正、核查后才能作为正式的评估报告提交给被评机构。

评估开展活动中存在的非主观因素导致的局限性、欠缺性，应以附注的方式说明。

七 评估后处理

评估活动结束后，需要进行的后处理类型包括三种。1. 自评估后处理：评估组织要提出具体的整改措施、整改期限和整改目标，追踪最后的整改结果，并形成文字性的文件归档。

2. 检查评估后处理：主管部门或行业管理者形成的评估组织，负责将最终评估报告提交给被评机构，责成整改，督促实施，并限时检查整改成效，将相关文件和被评机构提交的整改实施报告整理归档。被评机构接到评估报告后，按照自评估后的处理方法实施整改，并将整改情况上报给主管部门或行业管理者，将相关文件整理归档。

3. 独立第三方评估后处理：提交最终评估报告给被评机构，检查合同或协议的履约情况、费用支付情况，判定是否可以结束评估活动。如果认可评估，评估机构还需组织材料，提交给监督管理机构审批、定级，颁发资质级别证书。另外，评估机构还需按第九章第二节第四部分的要求，做好归档、建库、保密等工作。

第十章 云数字档案馆风险防范机制

云数字档案馆风险防范是为了保护其中的业务系统及相关资产免受任何可能的威胁和损失,保持资源的完整性、可用性,并保障其实现所设定服务和其他功能,其最终目标是达到档案数字资源的安全——可靠、可用、不泄密、不被非法更改;信息系统及其网络系统的安全——保持系统软硬件及通信链路的稳定性、可靠性、可控性。

第一节 云数字档案馆的安全架构设计

档案云安全架构应分三大部分,云客户端、档案云和第三方机构,见图10-1。

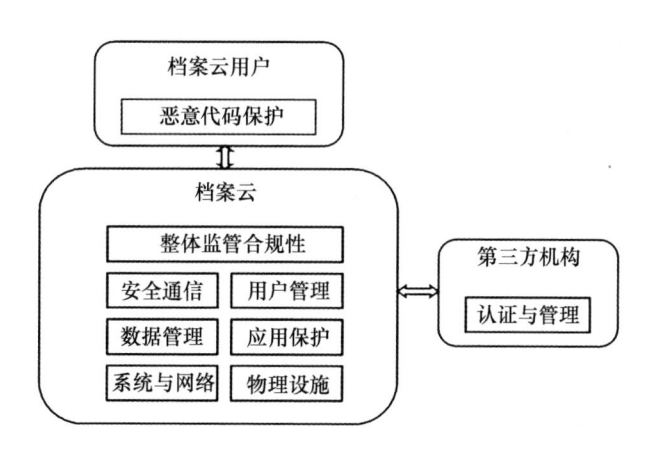

图10-1 档案云安全架构的整体监管和合规性图

第一，云客户端用户需要在安全和稳定的情况下访问云上资源，获取云端提供的各种服务。因此其安全保证尤其重要。云客户端风险防范关键是要防范恶意代码。通过设置防火墙、杀毒程序、打补丁等技术手段，可以避免云客户端受到侵害。建设档案云安全检控中心，可以及时发现风险，实现控制和防护。[①]

第二，档案云包括7个模块。整体监管合规性模块是档案云安全架构的最顶层。首先，规划云安全架构，明确战略目标、治理架构、风险管理架构、安全防范机制等；其次，动态监测其运行情况，包括监管风险事件，生成相关日志和报表；再次，规范化流程，确保档案云遵循规定的协议和标准；最后，为提高档案云的可信度，引入第三方机构审计，认证档案云的安全性。

安全通信模块能确保网络具有海量数据处理、安全传输、快速响应用户对档案云服务请求的能力。如设置防火墙，应对诸如分布式拒绝服务（DDos）等恶意攻击；使用安全套接层（SSL）、传输层安全（TLS）、虚拟专用网络（VPN）和因特网协议安全性（IPSec）等安全技术来确保云客户端和云端通信的安全性。

用户管理模块主要从安全角度，提供用户认证授权功能，保护数据安全和用户隐私安全。通过用户管理，可以实现单点登录，确保各用户只能访问自己被授权的应用和数据。系统可以监测用户操作日志，及时判断并发现用户的恶意行为。由此极大地降低成本，避免风险，提高效率。

数据管理模块包括4个功能：首先是数据管理，可按用户（不同的档案机构），对数据进行采集、整理、分类、编目、管理、存储、利用和用户隔离，设置完善的监控和访问机制，防止档案数据被误用和泄露；其次是按照OAIS框架，对档案数字信息资源在加工、发送、校验、验证等流程性服务过程中进行加密，保证数据的真实性、完整性和可用性；再次是档案数字信息资源要实行3—5级冗余备份，避免硬盘故障和管理错误造成数据遗失，以及数据残留处理用户；最后

---

① 参见吴朱华《云计算可信技术剖析》，人民邮电出版社2011年版。

是档案数据的存储位置，需要让用户有能力获知并选择其数据的合理存放地点，避免由于法律、政治和安全因素造成不必要的损失。

应用保护模块包括3个部分：虚拟机安全——需要监控其开启服务和监听端口，定位"恶意主机"并实施风险防范；应用设计安全——支持安全套接层（SSL）和HTTPS等协议，能减少安全漏洞；对外接口加固——如安全密钥、电子证书等。

系统与网络模块在系统方面采用规范安全区、界定虚拟域的方法，增强虚拟主机之间的安全性；在网络部分采用状态包监测（SPI）、防御主机、双因素认证流程、全程TLS/SSL加密等方法确保网络安全。

物理设施模块要求在基础设施方面，要有满足温湿度及防尘要求的机房，确保档案云的硬件设施安全运行，包括提供UPS、双机热备、制冷设备、同步配置等。通过闭路电视监控工作人员的状态，避免人为的风险。另外，还可以通过异地备份，构建备用数据中心的方式，确保在灾难来临时，系统和数据的安全。

第三，第三方机构的公信力好，在安全领域具有丰富的经验和技术。第三方机构要具备以下两个功能。其一，安全认证。独立的第三方机构采用风险评估与技术监测相结合的方式对档案云进行安全级别认证评估，能提高用户使用档案云的信心。其二，监管。实时监控档案云的运行情况，保证其在安全范围内运行。

第二节　云数字档案馆安全保障体系建设

一　安全责任主体

从我国国情考虑，目前数字档案馆的建设基本上是以区域性档案行业主管机构档案馆为承担方，建设中可以根据其综合能力（包括人力、物力、财力和持续运维能力）来组合使用档案云的任意两个或三个层级的服务模式。由于档案行业档案信息化人才不足、档案管理软件使用普及有待推进、档案数据安全有特殊要求等现实因素，档案云建设应分层次进行，重点在SaaS层（面向立档单位提供服务），IaaS

和 PaaS 仅提供支撑该 SaaS 层运行所必需的硬软件和环境支持，暂不向档案用户提供该两层租用服务。

考虑档案馆承担档案云建设，它既是云提供商，又是云服务提供商和应用提供商，其身份可以认定为档案云服务集成商。安全责任主体见图 10-2。

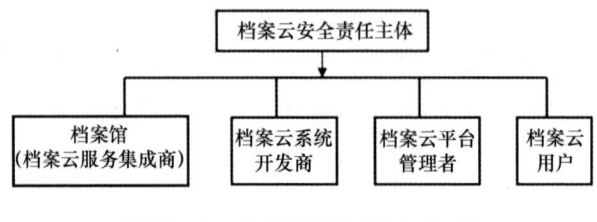

图 10-2 档案云安全责任主体图

（一）档案馆

档案馆是建设的投资方、管理者、使用者和档案云服务集成商。其要在制定本机构档案信息化发展战略，发展目标，构建安全档案云的基础上，采用风险自评、风险检查评估或认证评估的方式，厘清在组织保障、档案业务管理、信息服务、技术实现四个模块存在的各类风险，处置或控制风险，保障云数字档案馆运行安全。要重点从价值和成本分析、安全需求分析、用户规模和档案数字信息资源总量和存量分析，考虑安全战略、安全规划、法律遵从与合规性审计流程，以便形成科学的组织管理体系。要明确人员分工和职责权限，制定安全规章制度，动态评估反馈，通过不断改进来确保云数字档案馆的安全运营。

（二）档案云系统开发商

档案云系统开发商是档案云建设的具体实施者。其在充分了解档案行业主管机构的安全战略和需求后，设计云安全架构，选择安全的软硬件资源及安全的核心技术，集成建设档案云平台。要将组织保障，档案业务管理，信息服务的管理支撑、业务支撑、运营支撑流程嵌入档案云系统，通过技术实现档案云管理功能、业务功能、安全保障功能。

（三）档案云平台管理者

管理者可以是档案馆内设人员，也可以委托第三方进行。其主要职责是负责档案云管理平台的业务支撑服务（BSS）、运维支撑服务（OSS）、管理支撑服务（MSS）。管理者可分为应用管理员、平台管理员、运维管理员。分别管理档案云业务、档案用户订阅和配置、个性化定制、SLA管理、用户行为分析统计、软硬件资源监控、档案云安全运行等事务，及时处理安全漏洞和隐患，动态反映档案用户的健康运行状态。

（四）档案云用户

档案云的终端用户包括两种类型。一类是档案资源的供方，包括各级各类的立档单位；档案局（馆）直属管理机构；组织内部相互关联，不同过程之间输入输出的提供者；档案数字资源的捐赠者；以合同方式承担档案资源数字化工作，并提供数字化成果的第三方机构，即承包方；网络档案资源的提供者；交互档案资源的其他数字档案馆；存放档案数字资源的租赁者。另一类是档案数字资源的利用者，可以包括上述供方，也包括出于教学、科研、文化产品开发、传承档案文化等需要，检索利用档案资源的独立第三方用户。在信息服务中，要重点关注他们对档案信息需求的变化，及时调整服务方式和内容，确保云数字档案馆良性发展。

这些云终端用户的专业知识水平、IT技能、对制度规范的遵循、身份认证和访问控制的密码安全及主机安全等都直接影响着档案云的安全。

二 安全组织框架设计

鉴于我国国情，区域性的档案馆是云数字档案馆的投资方和管理者。针对全员实施，不改变当前档案馆部门设置的情况，建议的安全组织框架设计见图10-3。

云数字档案馆安全风险评估研究

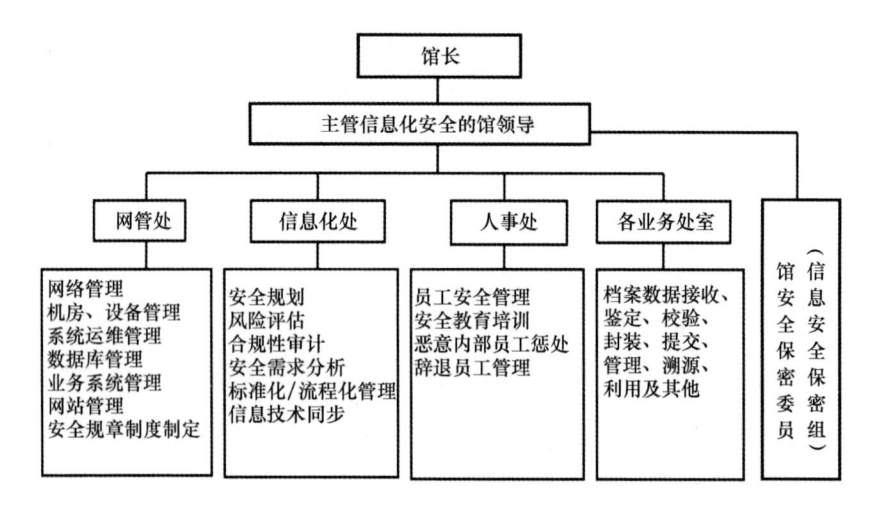

```
                    馆长
                     │
          主管信息化安全的馆领导
    ┌─────┬─────┬─────┬─────┬─────┐
  网管处  信息化处  人事处  各业务处室  （信息安全保密组）馆安全保密委员
```

网管处	信息化处	人事处	各业务处室
网络管理 机房、设备管理 系统运维管理 数据库管理 业务系统管理 网站管理 安全规章制度制定	安全规划 风险评估 合规性审计 安全需求分析 标准化/流程化管理 信息技术同步	员工安全管理 安全教育培训 恶意内部员工惩处 辞退员工管理	档案数据接收、鉴定、校验、封装、提交、管理、溯源、利用及其他

图 10-3 以档案馆为承建方的云数字档案馆安全组织框架图

本着"领导集中统一、机构设置协调、职责分工明确、联系渠道畅通"的原则，主管机要与信息安全的馆领导是云数字档案馆安全的第一责任人，要成立安全保密委员会，下设信息安全保密组，各处室部门领导是该组成员，肩负安全职责。拆分上述安全责任主体的任务，下设安全岗，可由兼职人员承担。一旦出现云数字档案馆安全问题，信息安全保密组能迅速聚合，第一时间反馈、协调，处理，恢复档案云的正常运行。

网管处的安全职能：作为运维管理者，牵头云数字档案馆交付使用后的安全运行，负责制定云数字档案馆安全运行的各种安全规章制度、操作规程等。包括网络、机房、设备、运维系统、数据库、业务系统、网站等安全管理，作为牵头方，也可以委托第三方完成。

信息化处的安全职能：在安全保密委员会的领导下，负责牵头策划安全战略、安全规划、法律遵从、合规性审计流程，完成风险评估、价值和成本分析、安全需求分析、用户规模和档案数字信息资源总量和存量分析等。动态评估反馈，不断改进，实施安全一票否决制。

人事处的安全职能：负责对涉及安全岗位的人员配备，辞退员工管理，恶意内部员工防范和惩处，安全教育培训等。

各业务处室的安全职能：是档案数字信息资源在不同阶段的安全责任人。按照云数字档案馆的业务管理流程，分别负责对应立档单位提交的档案数字资源安全接收、鉴定、校验、封装、提交工作。操作中要确保自身本机安全，密码管理，权限控制，识别档案在流转中不同阶段上下游部门人员的身份。

不同的档案云建设主体，可根据自己的建制情况，或在网管处，或在信息化处统一或分别设置应用管理员和平台管理员，完成系统配置、用户管理、SLA 管理、容量管理、收费管理、统计分析等任务。

三 安全保障框架设计

档案云的技术安全是由预防、保护、检测、监控、应急处理综合形成的闭环控制系统。在安全体系结构设计时，既要考虑云计算所要遵从的法律法规和标准，又要考虑认证授权、访问控制、保密性、完整性、不可抵赖性、安全管理等要素。因此其安全运营保障体系应包括防御系统、监控系统、容灾备份系统、应急响应系统和技术支撑系统，通过安全法规体系、安全组织体系、安全管理制度体系、安全人员培养体系来保证档案云的安全。

防御内容包括入侵检测、多重防火墙、主动审计、虚拟专网、加密、访问控制等；监控内容包括负载均衡、网络流量分析、虚拟机资源使用、物理机运行状况、机房、病毒等；容灾备份内容有数据冗余设置、异地备份、热备和磁带机多重备份等措施；应急响应内容包括不同资产安全优先级处理、最优原则的危险隔离和阻断、快速响应机制、灾难恢复等；技术资源涉及云安全的核心技术使用，见图 10-4。

四 安全运营制度设计

健全的规章制度和规范的操作流程是云数字档案馆安全运行的保证。区域性档案行业主管机构承建的档案云在提供服务时，要根据自身的平台建设、机构建制及人员情况制定相关的标准规范。除了遵循组织管理保障、档案业务管理和信息服务的安全要求外，还需要设计

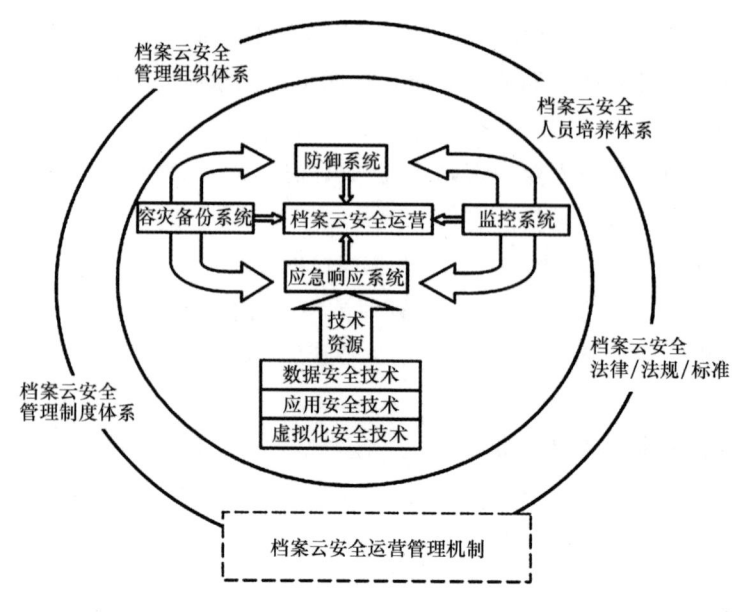

图 10-4　档案云安全保障体系图

安全管理体系、安全技术体系及安全运维体系。

（一）安全管理体系

1. 档案云安全体系结构设计规范包括认证授权、访问控制、保密性、完整性、不可抵赖性、业务流程、技术规范、人和组织管理、安全体系结构文档、安全和隐私原则、法律和标准遵从等。2. 档案云安全保障章程包括治理战略、设置组织机构、界定安全职责权限、明确安全管理范围及奖惩等。3. 档案云用户管理制度包括用户身份认证、权限划分、密钥管理、安全行为控制、统计分析、许可证与计费等。4. 档案用户服务水平（SLA）管理制度包括不同用户享用的服务水平、技术水平，还包括系统响应时间、错误解决时间、虚拟机和存储空间使用数目、软件应用平台类型、服务时间、用户安全优先等。

（二）安全技术体系

1. 档案云数据安全管理包括数据封装、数据传输、数据存储、数据隔离、数据隐私、数据残留处理等。2. 档案云虚拟化管理制度包括服务器虚拟化、软件虚拟化、网络虚拟化、存储虚拟化、文件虚拟化、虚拟机管理等策略和实施。3. 档案云多租户安全管理制度包括多租户数据存储模式、元数据开发模式、租户间安全隔离等。

（三）安全运维体系

1. 档案云风险管理制度包括风险分析、风险识别、风险评估、风险控制、评估文档等。2. 档案云运维管理制度包括运维的管理目标、管理的资产范围界定、管理方法、管理程序等，还包括动态伸缩、灵活的定价策略、信息安全管理、安全特征优先级、审计流程等。3. 档案云安全应急响应制度包括应急流程、安全优先级、阻断隔离、灾后恢复等。4. 档案云安全管理培训制度包括入职安全教育、安全知识考核、现场体验、预演、不同安全岗的定期教育等。除上述基于档案云特点的制度规范外，传统的 IT 安全管理制度仍然有效，如人员安全管理规范的录用、辞退、离岗安全管理等；机房及物理设备管理规范的机房环境、电源故障、防火防盗防雷、机房屏蔽、设备干扰防窃听、链路加密、门禁系统等；操作安全管理规范的上网制度、安全配置、操作规范等。5. 电子废弃物处置办法包括光盘、磁盘、磁带介质处理和数据残留清除等。6. 计算机及相关设备管理办法。7. 信息网络安全保密管理规定。8. 计算机及移动存储设备安全保密管理规定。9. 计算机房安全保密管理规定。10. 电子邮箱使用安全保密管理规定。云数字档案馆安全运营制度体系结构见图 10 – 5。

五　安全角色分工

从云数字档案馆的安全责任主体分析看，档案云系统集成商在完成设计、开发、测试工作，交付档案馆运行使用后，承担的是后续硬件或软件基础维护工作，档案云的日常运营管理权在档案馆。从目前的情况看，数字档案馆与实体档案馆将在较长时间内共存，档案业务管理应该在档案馆，运营和维护可以部分委托第三方进行。因此在不改变建制的情况下，可以设置安全角色进行管理。

（一）档案馆安全保密委员会（下设信息安全保密组）

此委员会由主管保密工作的局领导、主管信息化工作的局领导及

云数字档案馆安全风险评估研究

```
        ┌──────────────┐  ┌──────────────┐  ┌──────────────┐
        │ 云安全管理体系 │  │ 云安全技术体系 │  │ 云安全运维体系 │
        └──────────────┘  └──────────────┘  └──────────────┘
        ┌──────────────┐  ┌──────────────┐  ┌──────────────┐
        │  安全体系    │  │ 云数据安全管理 │  │ 云风险管理制度 │
        │  结构设计    │  │              │  │              │
        └──────────────┘  └──────────────┘  └──────────────┘
防      ┌──────────────┐  ┌──────────────┐  ┌──────────────┐      响
护 →    │ 安全组织和    │  │ 云虚拟化管理制度│  │ 云安全应急    │   ← 应
        │ 程序章程     │  │              │  │ 响应制度     │
        └──────────────┘  └──────────────┘  └──────────────┘
        ┌──────────────┐  ┌──────────────┐  ┌──────────────┐
        │ 用户管理制度  │  │档案云多租户安全│  │ 档案云运维    │
        │              │  │  管理制度     │  │ 管理制度     │
        └──────────────┘  └──────────────┘  └──────────────┘
检      ┌──────────────┐  ┌──────────────┐  ┌──────────────┐      恢
测 →    │ 档案用户服务 │  │ 传统IT安全管理制度│ │ 档案云安全管理│   ← 复
        │ 水平管理制度  │  │              │  │ 培训制度     │
        └──────────────┘  └──────────────┘  └──────────────┘
                    ┌───────────────────────────┐
                    │        业务系统           │
                    └───────────────────────────┘
                      ↑           ↑           ↑
              ┌──────────┐  ┌──────────┐  ┌──────────┐
              │ 国际标准 │  │ 国家标准 │  │ 行业法规 │
              └──────────┘  └──────────┘  └──────────┘
```

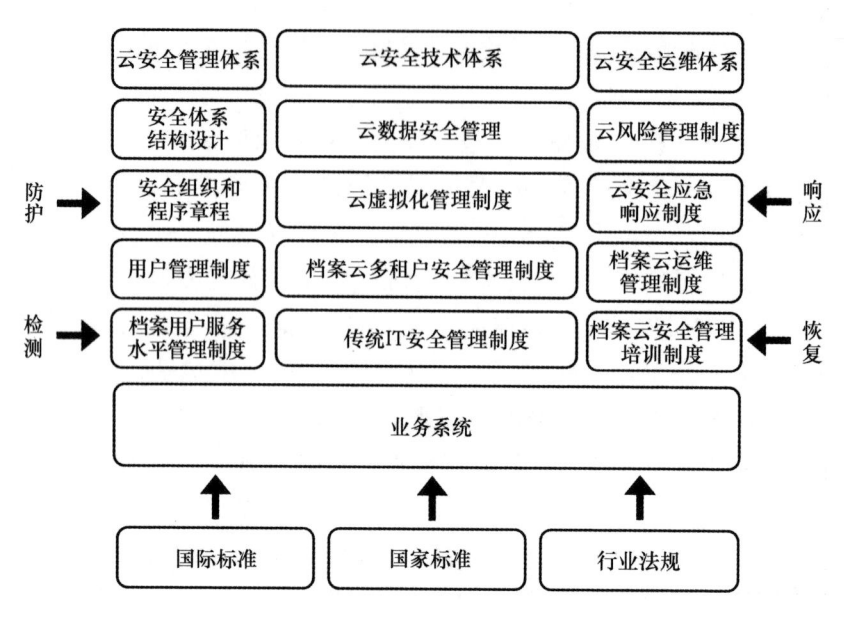

图 10-5　云数字档案馆安全运营制度体系结构图

各部门负责人组成，指导全馆的安全工作、审查云数字档案馆安全策略及有关的安全原则和规章制度，监督其实施，定期检查并评价档案云安全情况，分析并解决安全问题，督促持续改进。

（二）硬件（IaaS）安全岗（可分类设多人协同完成）

此岗位负责物理安全，包括网络安全和服务连续性。1. 环境安全管理（制定设备存放的环境监测依据：温度、湿度、静电防尘等一系列安全要素等参数指标体系）。2. 设备自身的安全管理，硬件设备管理包括选型、安装、登记、使用和维修管理几个方面。（1）设备选型应注意严禁采购和使用未经国家信息安全评测机构认可的信息产品并尽量采用我国自主开发研制的信息安全设备。（2）对购置的设备按照使用手册进行正确安装，并在正式使用前进行测试和兼容测试。（3）配备专人对云数字档案馆的设备使用情况进行监控并记录其运行日志以备追溯。设备负责人要详细记录设备的使用登记和维护情况，如果出现故障，要及时填写报告，报备处理。（4）配备专人维修设备，做好相应记录，建立易损件的备份库。安全系统结合使用摄像头、生物验证、读卡器及报警等技术方案，机房采用环境监控系统、视频监控系统、消防系统、门禁系统及防雷系统，进行自动化监控。3. 最小特权机制设置，限定仅授权人员才能管理客户应用程序和服务。多因素身份验证可控制访问高敏感度资产；设置工作流程（申请、批准、交付），可对物理资产进行访问。4. 网络和主机安全。网络边际设置防火墙、入侵检测和防护系统；在主机安全方面，提供操作系统安全加固。5. 病毒防范及日志管理和监视。6. 服务连续性。

（三）平台（PaaS）安全岗（可分类设多人协同完成）

此岗位负责操作系统、支撑软件环境、应用软件、虚拟软件的安全维护。可设应用管理员、平台管理员，对软件资源监控安全管理。身份与访问管理包括对使用者的身份认证/单点认证、授权及用户生命周期的管理。信息保护包括数据安全性、知识产权保护、加密、数字签名。服务连续性包括安全监控、审计、法定责任、事件响应及业务连续性。

（四）应用（SaaS）安全岗（可设多人协同完成）

设应用管理员对档案管理应用软件的安全运营进行管理，各业务处室安全员负责本处室自身提交数据的安全，掌握使用过程的安全措施，如账号、数据传输、主机等相关安全性。

（五）档案用户管理岗（可设多人协同完成）

鉴于目前建设的档案云主要侧重在 SaaS 服务，安全管理主要体现在用户认证与访问控制、权限管理、用户安全底线行为监控、SLA 协议管理与监督、用户行为统计等方面。另外，从业务管理风险看，档案用户管理岗在提供利用前服务、利用中服务、利用后服务的过程中，还需要了解用户需求，分析用户行为，提供满足用户需求的信息资源；实时动态解决用户的需求、咨询；通过对利用情况的统计分析，主动调整馆中档案资源规划和建设内容，丰富档案信息资源，开发多样化产品，引进新技术，满足用户潜在要求和推送服务等，以确保云数字档案馆持续发展。

档案用户管理岗的工作目标是要让用户满意，用户满意包括但不限于：1. 档案数字资源满足"真实、完整、有效、安全"的质量要求，被长期或永久保存，归档范围、分类体系、保管期限正确，具有可信性、可追溯性，可以真实再现当时社会历史；2. 能提供便捷、快速的检索系统；3. 能找到满足需要的档案数字资源目录、全文、专题（包括一次信息的有效关联）及相关开发产品；4. 全天候提供服务（网络或现场）；5. 能通过QQ、邮件、微信、短信提供个性化即时的咨询服务；6. 能进行数据挖掘和知识管理；7. 有统一的检索界面，使用户能通过权限清晰地获取跨馆的档案数字资源；8. 能顾全用户财产，如租赁寄存的档案数字资源、知识产权、个人隐私信息、浏览借阅信息等。

（六）安全培训岗（人事部门兼任）

根据档案云的特点，组织建立安全培训制度与培训计划，对不同角色或岗位的人员，有针对性地进行培训。人员安全培训的方式和内容可以分层、分批进行。

1. 开展相关安全法律法规和政策学习，强化培训人员的安全防范意识及执行制度的意识和能力。2. 开展档案云的安全教育与技能培训。通过岗前或在岗培训，安全事故教育，宣讲安全责任和惩戒措施，推动档案馆员了解数字档案馆安全管理的重要性，使其自觉地遵守云数字档案馆的规章制度，熟练操作规程，明确本职工作的责任、权限和知识产权的重要性，自觉使用正版软件，保管好用户密码，减少人为引起的系统安全风险。3. 培养复合型档案安全管理骨干队伍。通过岗前培训、知识竞赛、技能大赛、参观考察、外派深造等方式，建设档案云安全人才梯队，起到传帮带的作用，提高档案云风险防范的整体水平。4. 定期对各个岗位的人员进行安全技能及安全认知的考核。5. 开展多层次、多方位的云数字档案馆安全文化宣传活动。

第三节　云数字档案馆安全管理中心建设

鉴于档案云的风险，在具体实施上，可通过建设云数字档案馆安全管理中心来动态监测、控制风险和漏洞，保障档案云的安全。见图

10-6。

1. 安全管理策略

根据云数字档案馆的发展战略制定风险管理和安全管理规划。从资产、威胁、脆弱性出发，明确数据安全、应用安全、网络安全、物理安全、合规审计安全、监控告警等策略，将安全管理制度以流程的方式嵌入系统。

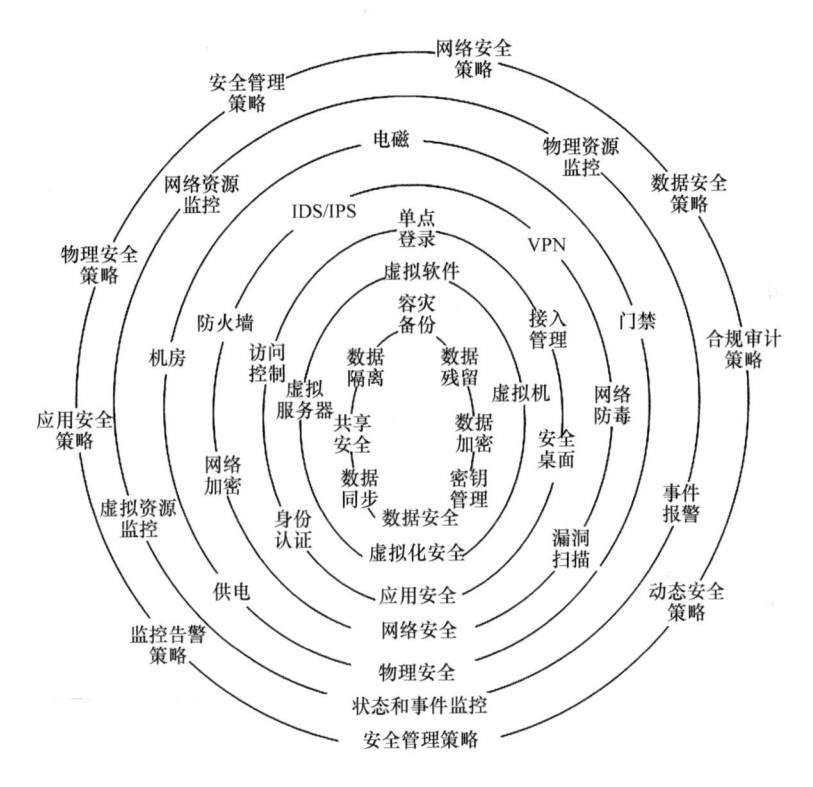

图10-6 云数字档案馆安全管理中心建设框架和内容图

2. 状态与事件监控

对档案云安全状态进行实时监控，包括对物理资源、网络资源、虚拟资源的动态监测、事件报警，以及档案用户虚拟机健康状态显示。

3. 物理安全

确保物理设施如门禁系统、电力、机房状态、电磁安全、火、烟等安全的具体措施。

4. 网络安全

确保网络安全而采用的防火墙、入侵检测系统、VPN、漏洞扫描、网络防毒、网络加密等技术措施。

5. 应用安全

包括云客户端和档案云端的应用安全。如档案云单点登录、用户认证和授权、访问控制、安全桌面的管理等。

6. 虚拟化安全

虚拟化技术将档案云的物理服务器变成了虚拟服务器，不同的用户使用不同的虚拟机。需要对虚拟服务器、虚拟机、虚拟软件的安全进行监测和管理，在不同安全区域做冗余备份选择。

7. 数据安全

档案数字信息资源是档案云安全管理中心保护的重点，需要考虑不同用户的数据隔离安全、数据残留处理、数据操作的同步性、数据容灾备份、数据加密和密钥管理等内容。

2009年云安全联盟（Cloud Security Alliance，CSA）发布了云计算安全实施指南，其中将云服务的安全措施划分为管制类和操作类，落实到云数字档案馆的建设、实施和运营方面，可搭建档案云安全架构，对云终端用户恶意代码进行保护，对档案云进行整体监管（合规性、状态与事件监控），进而实现云中的数据安全、物理安全、网络安全、应用安全、虚拟化安全的管理。还可以通过第三方机构认证和监管，保证档案云的安全运行。数据安全的主要风险防范策略包括八点。

（1）档案云整体监管

这是档案云安全架构最顶层的管理，主要完成基于档案行业特点的安全规划、安全策略、安全运营机制、风险管理框架、合规审计策略、监控告警策略等设计，以及相关的安全措施和指南，对物理资源、网络资源、虚拟资源的动态监测，事件报警，档案用户虚拟机健康状态显示进行全面监控。

(2) 档案云合规性控制

定义与合规性和审计相关的流程,确定档案云提供商与档案用户在满足合规和审计过程中的责任,通过合同、服务等级协议清晰地表达双方责任的划分,确保整个档案云系统遵循必要的协议。引入具备很高公信力的第三方审计机构,对整个档案云安全架构进行认证。

(3) 档案数字资源生命周期管理

主要是档案数据的全过程管理,包括档案数字资源的访问控制、加密方式、验证档案数据在生命周期(采集、传输、管理、保存、销毁)各阶段的安全性,以及档案用户对自身数据安全管理的控制机制。

(4) 档案用户身份和访问控制的管理

用于认证与授权档案云用户进入系统和访问数据的权限,保护档案数字资源或应用免受非授权访问。

(5) 云数字档案馆安全制度规范制定

全员动员建立云数字档案馆安全运营机制,从安全组织体系、人员分工与职责、工作流程、操作性手册、人员安全培训、安全跟踪审计、奖惩等方面加强安全管理,提高人员安全意识。

(6) 虚拟化安全管理

档案云服务商在保证不同虚拟层次上的安全性上具有更大的责任,需要划分不同的安全区域供档案用户选择,加强区域边界的安全措施,保证对暴露在外的访问 Web 接口进行安全控制,提高虚拟机引擎的安全能力。

(7) 档案云的安全核心技术合理选择

用户认证、授权技术、海量数据分布存储、多租户隔离技术、分布式锁服务及负载均衡等技术,都是云数字档案馆实施安全监控的关键技术,需要合理选择和正确使用。

(8) 档案信息化人才培养

档案人员作为终端用户需要进行安全意识和操作培训,使其在确保终端用户主机安全、密码安全、应用安全的基础上,保障云数字档案馆的安全。

总之,"安全即服务"原则是数字档案馆建设、实施、运营和持续发展的重要保障。在云数字档案馆规划、设计阶段进行充分的论证、研究和分析，在系统建设的各个阶段、系统作用的各个层次和运行维护的各个时期进行高度重视和检查，在云开发商、云集成商、云运营与维护及使用云的各方利益相关者之间建立广泛的共识，最终达成良性的、可靠的安全云生态系统，这是云数字档案馆能够落地实施和得以广泛应用的基础。

参考文献

中文著作

龚娅君：《数字图书馆新媒体服务研究》，国家图书馆出版 2016 年版。

顾基发：《综合评价方法》，中国科学技术出版社 1990 年版。

黄新荣：《云环境下我国综合数字档案馆建设模式研究》，社会科学文献出版社 2019 年版。

李扬、吴丹、张志强：《国际质量管理体系及应用》，中国地质大学出版社 2013 年版。

刘鹏：《云计算》，电子工业出版社 2011 年版。

王莲芬、许树柏：《层次分析法引论》，中国人民大学出版社 1990 年版。

吴朱华：《云计算可信技术剖析》，人民邮电出版社 2011 年版。

虚拟化与云计算小组：《云计算宝典——技术与实践》，电子工业出版社 2011 年版。

颜海：《档案信息资源开发利用》，武汉大学出版社 2004 年版。

杨欢：《云数据中心构建实战——核心技术、运维管理、安全与高可用》，机械工业出版社 2014 年版。

张华、金正平：《云计算数据安全方案及其应用》，科学出版社 2018 年版。

［美］T. R. 谢伦伯格：《现代档案——原则与技术》，黄坤坊等译，档案出版社 1983 年版。

期刊论文

Jingfeng Xia：《数字仓储实践中的个人姓名识别》，张玫译，《现代图书情报技术》2008 年第 3 期。

Peter Burnhill：《数字仓储库的发展》，张建勇译，《图书情报工作》2011 年第 9 期。

卞昭玲、李俐颖、刘振鹏：《云计算在档案信息共享中的应用》，《兰台世界》2011 年第 15 期。

陈凯律、沈备军、张艳红：《基于软件过程的项目风险管理及其工具》，《计算机工程》2010 年第 4 期。

陈伟斌：《基于质量控制的数字档案馆安全管理体系建设》，《云南档案》2014 年第 9 期。

陈慰湧、金更达：《数字档案馆系统安全策略研究》，《浙江档案》2008 年第 7 期。

陈衍泰、陈国宏、李美娟：《综合评价方法及研究进展》，《管理科学学报》2004 年第 7 期。

程慧平、金玲、程玉清：《云服务安全风险研究综述》，《情报杂志》2018 年第 4 期。

程玉珍：《云服务信息安全风险评估指标与方法研究》，硕士学位论文，北京交通大学，2013 年。

崔屏：《数字档案馆安全保障体系顶层框架构建》，《浙江档案》2012 年第 11 期。

冯惠玲：《论电子文件的风险管理》，《档案学通讯》2005 年第 3 期。

高斌升：《论我国数字档案信息资源建设》，《黑河学刊》2012 年第 6 期。

高晨翔、黄新荣：《云计算环境下数字档案馆的安全评估体系研究》，《档案学研究》2017 年第 1 期。

高会生、朱静：《基于 D－S 证据理论的网络安全风险评估模型》，《计算机工程与应用》2008 年第 6 期。

高亮、盛益君、曹奇英：《定性量化分析法风险评估系统设计与实现》,《微计算机信息》2009 年第 30 期。

龚德忠:《云计算安全风险评估的模型分析》,《湖北警官学院学报》2011 年第 6 期。

韩珂、祝忠明:《可信数字仓储认证体系研究》,《现代图书情报技术》2007 年第 6 期。

韩启云:《基于云环境的信息系统风险评估模型应用研究》,《计算机测量与控制》2012 年第 9 期。

何欢欢:《可信数字仓储的构建与认证》,《情报资料工作》2008 年第 6 期。

胡昌平、王丽丽:《国外面向数字学术资源的云存储服务安全研究》,《情报理论与实践》2018 年第 3 期。

胡燕妮、黄铂:《基于云计算的高职院校科研管理系统研究》,《无线互联科技》2019 年第 8 期。

黄金凤、郑美容:《基于云计算的信息安全风险评估模型》,《宁德师范学院学报》(自然科学版) 2018 年第 1 期。

黄丽民、王华:《网络安全多级模糊综合评价方法》,《辽宁工程技术大学学报》(自然科学版) 2004 年第 4 期。

黄水清、陈双喜、任妮:《基于 ISO27001 的数字图书馆信息安全风险评估模型研究》,《现代图书情报技术》2009 年第 6 期。

黄水清、茆意宏、熊健:《数字图书馆信息安全风险评估》,《现代图书情报技术》2010 年第 Z1 期。

黄水清、任妮:《数字图书馆信息安全风险评估的方法与模型》,《图书情报工作》2014 年第 2 期。

黄文思、许元斌、罗义旺等:《特大型集团企业两级数据中心的研究与实践》,《电力信息化》2011 年第 2 期。

黄玉明:《安徽省电子文件中心建设的思路与做法》,《中国档案》2006 年第 12 期。

雷晓蓉:《"安全岛"理论与数字档案馆信息风险管理研究》,《档案学研究》2015 年第 5 期。

李凤莲、李娟:《数字档案馆网络安全方法论》,《山东档案》2007 年第 5 期。

李琳娜：《软件产品风险评估工具实现及应用》，《电子技术与软件工程》2016 年第 3 期。

李淑媛：《基于云计算的数字档案馆安全风险及策略研究》，《机电兵船档案》2018 年第 1 期。

李顺：《数字档案馆信息安全保障体系探究》，《兰台世界》2017 年第 1 期。

辽宁省档案局：《省档案局召开全省"数字档案馆建设指南"宣传贯彻会议》，《兰台世界》2011 年第 10 期。

辽宁市档案局：《辽阳市成功报送首批档案异地备份数据》，《兰台世界》2011 年第 1 期。

林林：《论数字档案馆安全保护技术体系的构建》，《档案学研究》2015 年第 3 期。

刘荣：《数字档案馆的信息安全与容灾系统的建立》，《档案学研究》2003 年第 3 期。

马建霞、Paolo Manghi、Wolfram Horstmann 等：《基于服务的开放数字仓储架构——DNET》，《现代图书情报技术》2010 年第 1 期。

马建霞：《数字仓储中复合数字对象相关标准比较研究》，《现代图书情报技术》2009 年第 4 期。

马琳：《基于德尔菲法的档案信息系统安全风险评估指标的选取与统计》，《中国档案》2012 年第 11 期。

孟喆、马自卫：《开源环境下的数字仓储和服务系统的集成应用》，《现代图书情报技术》2008 年第 12 期。

聂曼影：《数字档案馆项目风险因素的识别——数字档案馆项目建设风险管理研究之一》，《档案学研究》，2017 年第 S1 版。

潘连根：《数字档案馆的安全防范——数字档案馆研究之七》，《浙江档案》2004 年第 9 期。

沈进昌、杜树新、罗祎等：《基于云模型的模糊综合评价方法及应用》，《模糊系统与数学》2012 年第 6 期。

沈双洁、颜祥林：《数字档案馆项目风险因素的理论分析》，《档案学通讯》2014 年第 1 期。

陶水龙、陈伟、田雷等:《电子档案凭证性保障的现状分析与对策研究》,《档案学研究》2012 年第 2 期。

陶水龙:《档案数字资源云备份策略的分析与研究》,《档案学通讯》2012 年第 4 期。

陶水龙:《基于流程管理的电子档案安全策略的探讨》,《北京档案》2012 年第 1 期。

陶水龙:《基于系统工程思想的档案信息生态系统研究》,《北京档案》2013 年第 2 期。

涂俊:《云计算——安全资源池化》,《信息通信》2017 年第 4 期。

汪洋:《云计算在石油石化及润滑油行业的应用现状》,《石油商技》2017 年第 10 期。

王根发、张浩:《基于云存储的数字档案馆文件安全保护机制研究》,《档案学研究》2016 年第 2 期。

王玉龙:《云环境下数字档案馆面临的安全风险及其应对措施》,《档案管理》2013 年第 2 期。

谢海洋、曹树华:《数字档案馆网络安全管理策略及人员培训方案探讨》,《档案学研究》2008 年第 5 期。

徐冲、曾正军:《基于德尔菲法和层次分析法的档案信息系统风险评估研究》,《档案与建设》2014 年第 4 期。

徐华:《基于 ISO9000 的档案管理术语释义》,《档案学研究》2017 年第 6 期。

徐华:《科技管理者信用评价指标体系及模型研究》,《科技进步与对策》2010 年第 3 期。

徐华:《科技评估专家信用评价指标体系及模型构建》,《科技管理研究》2009 年第 7 期。

徐华、薛四新、刘宗渊:《云数字档案馆安全运营管理机制研究——以区域性档案局(馆)为承建方为例》,《档案学研究》2013 年第 2 期。

徐华、薛四新:《云数字档案馆安全风险分析及防范策略》,《北京档案》2013年第4期。

徐华、薛四新：《云数字档案馆风险评估研究框架》，《档案学研究》2016年第5期。

徐健：《基于OAI-ORE的异构数字仓储互操作框架》，《现代图书情报技术》2008年第9期。

徐拥军、张倩：《加拿大图书档案馆的数字保存策略——可信数字仓储》，《档案学研究》2014年第3期。

许锋、单大国：《基于Hadoop的涉案视频资料云存储平台研究》，《中国刑警学院学报》2019年第9期。

薛四新、朝乐门、田雷：《云计算环境下电子文件管理的关键技术研究》，《北京档案》2013年第1期。

颜祥林：《数字档案馆项目风险管理：背景分析与框架构建》，《档案学通讯》2017年第3期。

杨泉：《风险评估定量与定性的分析方法》，《信息网络安全》2006年第4期。

杨武俊：《多层次模糊综合评判法在信息安全风险评估中的应用》，《网络安全技术与应用》2013年第11期。

袁庆、魏硕、朱怡豪：《中小型会计师事务所管理云平台建设研究》，《中国注册会计师》2019年第1期。

张利、彭建芬、杜宇鸽等：《信息安全风险评估的综合评估方法综述》，《清华大学学报》（自然科学版）2012年第52期。

赵雪芹：《档案数字资源发现服务研究》，《档案学通讯》2013年第1期。

周枫、谢文群：《云计算环境下数字档案馆信息安全分析及管理策略研究》，《北京档案》2012年第8期。

周峰林：《区域性数字档案馆建设——专访北京市档案局副局长陶水龙》，《浙江档案》2013年第4期。

网络资料

Cloud Security Alliance, "Security Guidance for Critical Areas of Focus in

Cloud Computing", https://cloudsecurityalliance.org/research/working-groups/security-guidance/, November 15, 2017.

European Union Agency for Cybersecurity, "Security Framework for Governmental Clouds", http://www.enisa.europa.eu/, November 2, 2017.

公安部:《GA/T391-2002 计算机信息系统安全等级保护管理要求》, http://www.doc88.com/p-943574712815.html, 2017 年 6 月 5 日。

国际标准委员会:《CC/ISO15408》, https://max.book118.com/html/2017/1227/146172967.shtm, 2019 年 5 月 10 日。

国家安全局:《GB17859-1999 计算机信息系统安全保护等级划分准则》, https://wenku.baidu.com/view/10774526482fb4daa58d4b36.html, 2018 年 5 月 4 日。

国家安全中心:《信息安全风险管理指南》, http://www.doc88.com/p-2045050188839.html, 2019 年 4 月 15 日。

国家档案局:《全国档案事业发展"十二五"规划纲要》, https://www.docin.com/p-1708649634.html, 2019 年 5 月 10 日。

国家档案局:《全国档案事业发展"十三五"规划纲要》, http://www.saac.gov.cn/daj/xxgk/201604/4596bddd364641129d7c878a80d0f800.shtml, 2019 年 8 月 5 日。

国家档案局:《数字档案馆建设指南》, http://www.hada.gov.cn/html/News/10_106544.html, 2019 年 8 月 6 日。

国家档案局:《数字档案馆系统测试办法》, http://www.saac.gov.cn/daj/daxxh/201807/6d6180ef50e246e9b552f6c289e96eb2.shtml?from=singlemessage, 2019 年 6 月 10 日。

国家信息安全办公室:《信息安全风险评估指南》, https://wenku.baidu.com/view/631c7046336c1eb91a375d76.html, 2018 年 10 月 5 日。

国家信息安全办公室:《信息安全风险评估指南》, https://wenku.baidu.com/view/631c7046336c1eb91a375d76.html, 2019 年 2 月 8 日。

国家信息中心和公安部:《信息安全风险评估指南(国信办)》, https：//wenku. baidu. com/view/631c7046336c1eb91a375d76. html，2018 年 5 月 10 日。

美国国家安全局：《SSE - CMM/ ISO /IEC 21827》，http：//www. zbgb. org/128/StandardDetail3306575. htm，2019 年 5 月 10 日。

美国国家标准技术协会：《SP800 系列信息安全标准》，https：//www. docin. com/p - 783696739. html，2019 年 5 月 10 日。

全国数字图书馆建设与服务联席会议：《数字图书馆安全管理指南》，http：//beta. library. sh. cn/shlibrary/newsinfo. aspx？id = 442，2018 年 12 月 1 日。

孙成德：《辽宁省电子档案备份中心建设情况介绍》，http：//blog. sina. com. cn/s/blog_ 599ea7890102dv3c. html，2019 年 10 月 10 日。

《信息环境》，https：//zhidao. baidu. com/question/2822 8337. html，2016 年 7 月 15 日。

许建军、沈文林：《基于大数据管理与云技术平台的数字档案馆建设框架研究——以浦东档案馆为例》，http：//blog. sina. com. cn/s/blog_ 599ea7890102wvtu. html，2019 年 10 月 10 日。

英国标准协会：《BS7799/ISO17799》，https：//baike. baidu. com/item/ISO17799/2894602？fr = aladdin，2019 年 5 月 10 日。

英国标准协会：《ISO 27000》，https：//baike. baidu. com/item/iso 27000/7323605？fr = aladdin，2019 年 5 月 10 日。

中国国家标准化管理委员会：《GB/T 24353 - 2009 风险管理 原则与实施指南》，https：//max. book118. com/html/2018/0907/8015073021001123. shtm，2018 年 10 月 20 日。